Carl Adolf Cornelius

Die ersten Jahre der Kirche Calvins

1541-1546

Carl Adolf Cornelius

Die ersten Jahre der Kirche Calvins
1541-1546

ISBN/EAN: 9783743339712

Hergestellt in Europa, USA, Kanada, Australien, Japan

Cover: Foto ©ninafisch / pixelio.de

Manufactured and distributed by brebook publishing software (www.brebook.com)

Carl Adolf Cornelius

Die ersten Jahre der Kirche Calvins

Die

ersten Jahre der Kirche Calvins.

1541—1546.

Von

C. A. Cornelius.

Aus den Abhandlungen der k. bayer. Akademie der Wiss. III. Cl. XXI. Bd. II. Abth.

München 1895.
Verlag der k. Akademie
in Commission des G. Franz'schen Verlags (J. Roth).

Der Amtsantritt.

Als Calvin nach seiner Rückkunft zum erstenmal die Kanzel bestieg, lauschten die Zuhörer gespannter Erwartung voll, in welcher Weise er der vergangenen Dinge gedenken werde.

Damals, als er den neuen Ruf annahm, hatte er im Sinn gehabt, den Streit von ehedem zu erörtern und sein und seiner Amtsgenossen Recht für immer vor aller Anfechtung sicher zu stellen. Seitdem aber war zu der Wiederberufung, die ja an sich schon eine Ehrenerklärung war[1]), noch ein feierlicher Beschluß des Rats und der Gemeinheit von Genf getreten, durch welchen die Verbannung der Predicanten als ein schweres Unrecht bezeichnet wurde.[2]) Die von Gott und Menschen und durch das eigne Urteil gerichtete Sache nochmals zur Rede zu bringen, wäre nicht bloß unnütz, sondern ein Fehler gewesen.[3])

---

1) C an N. 1542 Ende Jan. Nam in eo plebiscito quod de revocando me factum fuerat, vocabant fidum suum pastorem. — Farel an C 1540 Oct. 31. Fassus est senatus et populus se merito passum omnia maioraque debere ob profligatos pastores tamque atrocem iniuriam in Deum et verbum suum etc. — Die Stellen der Ratsprot. betreffend die Berufung Oct. 19—22 s. bei Herminjard VI 331.

2) Ratsprot. 1541 Mai 1. Conseil general. Pour ce quil ny a point qui a consenti a dechasser le serviteur de Dieu, chascun a leve la main quils les tiennent pour gens de bien et de Dieu. et peuvent aller et venir en seurete. comment Farel Caulvin Saulnier et aultres. — C an N. 1542 Ende Jan. Alterum deinde plebiscitum secutum erat. quo senatus populusque fatebatur gravem nobis factam esse iniuriam, et veniam eius facinoris a Domino precabatur.

3) C an Farel 1541 Nov. 29. Tunc tamen. ut verum fatear. habebam in animo aliquid primo adventu de innocentia nostra testari et totam causam nostram exponere. ut omnis non tantum maledicendi. sed etiam mussitandi occasio improbis tolleretur. Tametsi non sum optimus dicendi artifex, non verebar tamen quin tam bona causa plausibilis futura esset. Verum ubi populus sese damnando et culpam suam confitendo antevertit, putavi hac necessitate nos esse prorsus liberatos. Imo praeter id quod futurus erat supervacuus labor. videbam tentari hoc non posse sine specie aliqua inhumanitatis. Quid enim hoc aliud fuisset, quam prostratis hostibus insultare? Cum autem huc venis-

Nachdem der Kanzelredner in einer kurzen Einleitung an seinen und seiner Amtsgenossen treuen und vorwurfsfreien Dienst am Wort Gottes erinnert hatte, nahm er die Bibelstelle vor, welche der Gegenstand seiner letzten Predigt vor drei und einem halben Jahr gewesen war, und setzte ihre Auslegung fort, gleich als ob nur eine zufällige Unterbrechung stattgefunden hätte und auch seitdem nichts weiter der Erwähnung wertes vorgefallen wäre.

Er handelte in dem Gefühl eines von Gott verliehenen großen Sieges. Daß die Katastrophe, die ihn mit Farel und Coraud getroffen, zum Teil auf ihrer eignen Schuld beruhte, ist ein Gedanke, der ihm nie, auch jetzt nicht, nahe getreten ist. Nach seiner Meinung war es überhaupt nicht Obrigkeit und Volk von Genf, die ihn verbannt hatten, sondern eine Rotte verworfener Gesellen.[1] Daß es nun dahin gekommen war, daß er nicht begnadigt wurde, sondern gleichsam selbst die Stadt begnadigte, indem er eifrig umworben das verlorene Amt wieder annahm und die Bedingungen der Annahme vorschrieb: das empfand er als göttliche Einwirkung und Hülfe.

Die triumphierende Seelenstimmung jener ersten Zeit hatte eine auffallende Wirkung auf sein Gemüt. Er sah sich gegenüber die Reste der alten Artichaudpartei, wie sie teils schweigend der neuen Entwicklung zusahen, teils die Miene der Reue annahmen. Er wußte, es stehe in seinem Belieben, sie alle zu demütigen. Aber er machte sich ein Gewissen daraus, jedes kränkende Wort zu vermeiden, befleißigte sich im Gegenteil eines freundlichen und milden Benehmens, und freute sich, daß manche von selbst aus Feinden Freunde wurden, andere sein beflissenes

---

sem, obiter quidem perstrinxi, qua fide et integritate in hac ecclesia versati simul essemus. De adversariis verbum unum facere puduit: ne eorum causam, qui a Deo et hominibus suoque ipsorum iudicio damnati essent, viderer in dubium vocare. — C an N. 1542 Jan. Ubi in concionem prodii ad populum, nemo non erectus erat magna expectatione. Atqui commemoratione earum rerum quas omnes certo exspectabant penitus omissa, pauca de muneris nostri ratione disserui; adiunxi deinde modicam et verecundam fidei et integritatis nostrae commendationem. Haec praefatus, locum explicandum assumpsi in quo substiteram, quo iudicabam me ad tempus intermisisse magis quam deposuisse docendi munus.

1) C an die Züricher Geistlichkeit 1541 Mai 31. Quaecunque contigerunt, sic acta sunt urbis nomine, ut in paucis autoribus culpa haereret. Atque illi ipsi per seditionem, conductis operis, totam rem egerunt. — C an Farel 1541 Nov. 29. Quasi vero tumultuosa illa perditorum hominum factio populus fuerit.

Entgegenkommen wenigstens durch Annäherung erwiederten. „Gott stärke mich in dieser Gesinnung!" schließt er die Mitteilung, die er einem Freunde macht.[1]
Darin liegt jedoch kein Ablassen vom Kampf, nicht einmal ein Nachlassen. Die Milde, über welche er selbst erstaunt, hat ihn schon in den Verhandlungen über die Kirchenordnung nicht gehindert, dem Widerspruch, wo er auf ihn traf, eine böse Gesinnung unterzuschieben, dem Gegner jedes Recht abzusprechen. Bald aber gewann überhaupt die alte Gewohnheit wieder die Oberhand, und wieder wie früher breiteten sich Herbigkeit und Trockenheit über sein ganzes Wesen.

Die Jahre der Verbannung, seine Straßburger Wirksamkeit und seine Teilnahme an den deutschen Angelegenheiten hatten des Mannes Bedeutung und Ansehen in hohem Maß gesteigert. „Er ist den Höchsten gleich, er steht hinter niemand zurück", schrieben die Straßburger Geistlichen, die ihn ungern entließen, an den Rat von Genf. „Um so schwerer wird eure Schuld sein", fahren sie fort, „wenn ihr dem Wort des Herrn, das er euch verkünden wird, nicht Folge leistet. Sehet zu, daß, wie er mit Virets Hülfe das Kirchenregiment bei euch aufs beste einrichten wird, so ihr das weltliche Regiment dem Reich Christi anpassen und wahrhaft ein Volk Gottes sein möget."[2]

---

1) C an O. Myconius 1542 Mz. 14. In urbe habemus intestinum semen dissidii, sed nostra mansuetudine et patientia efficimus, ut ecclesia nihil incommodi inde sentiat, atque ut nihil perveniat ad ipsam plebem. Norunt enim omnes quam placido humanoque ingenio sit Viretus. et ego nihilo sum asperior, hac saltem in parte. Vix credes forsan, sic tamen res habet. Tanti enim mihi est publica pax et concordia, ut manum mihi iniiciam: atque hanc laudem mihi adversarii ipsi tribuere coguntur. Quin etiam ex inimicis nonnulli sponte in dies amici fiunt, alios comiter allicio, et proficere me nonnihil sentio, utcunque non ubique succedat. Poteram cum veni magno plausu exagitare hostes nostros et plenis velis invehi in totam illam nationem quae nos laeserat: abstinui. Possem quotidie, si liberet, non modo impune, sed cum multorum approbatione perstringere: supersedeo, imo summa religione id fugio, ne verbulo uno insectari aliquem videar, nedum simul omnes. Hunc animum mihi Dominus confirmet!

2) Die Straßburger Predicanten an den Rat von Genf 1541 Sept. 29. Quo enim hic frater amplioribus donis Domini ornatus est, ut omnino par summis et nemini secundus in his existit, hoc gravius Dominum offenderetis, si parum morigeros vos Domini voci, quam solam et puram hic vobis annunciabit, praestaretis. Dabitis igitur operam ut sicut per Calvinum et Viretum ecclesiae administratio apud vos quam optime instituetur, ita per vos et civilis administratio sic regno Christi accommodetur, ut vere populus Dei sitis. gens sancta, regnum Dei.

Die Machthaber in Genf.

In dieser Zeit war in Genf Ruhe und Friede. Die Regierung liegt in den Händen des kleinen Rats, dessen Beschlüsse die vier Syndike ausführen. Die Gesetzgebung ist von Rechtswegen Sache der allgemeinen Bürgerversammlung, diese ist eigentlich der Staat; aber sie kommt in der Regel nur zweimal jährlich zusammen, das eine mal um die Syndike, das andere mal um den Justizlieutenant zu wählen. In gewöhnlichen Zeiten versieht der große Rat, die Zweihundert, ihre Stelle; er ist eine Volksvertretung gegenüber der Regierung. Der Rat der Sechzig hat keine Existenz aus eignem Recht: er wird vielmehr nach dem Belieben der Regierung berufen oder bleibt unberufen. Er besteht aus Honoratioren, und dient der Regierung je nach Bedürfniß, um durch seine Zustimmung den Weg zur Zustimmung der Zweihundert zu ebnen.

Der kleine Rat besteht aus den vier regierenden Syndiken, den vier Syndiken des vorigen Jahrs, dem Schatzmeister, und sechzehn andern Herren, zusammen fünf und zwanzig.[1]) Der Rat der Sechzig entsteht, indem zu diesen fünf und zwanzig noch ungefähr fünf und dreißig andre Mitglieder hinzutreten. Ebenso enthält der große Rat wieder diese Sechzig und neben ihnen noch so viel andre Mitglieder, daß die Gesammtzahl sich ungefähr auf Zweihundert beläuft. Die Zweihundert sind dann auch wieder ein Bestandteil der allgemeinen Bürgerversammlung.

Jährlich Anfangs Februar findet ein allgemeiner Wechsel statt. Zur Syndikwahl wird eine doppelte Zahl Candidaten, vier aus der oberen, vier aus der unteren Stadt, vom kleinen Rat aufgestellt, vom großen Rat angenommen, worauf die Wahl durch die allgemeine Versammlung erfolgt. Jedes dritte Jahr geht der Schatzmeister aus demselben Verfahren hervor. Darauf erwählt der große Rat den kleinen, das heißt die sechzehn Herren, die neben den regierenden Syndiken und den Altsyndiken sitzen. Darauf wählt der kleine Rat die Sechzig und den großen Rat. Dann werden die Behörden von dem kleinen Rat gewechselt oder bestätigt; der große Rat hat das Recht der Genehmigung oder Verwerfung.

---

1) Im Jahr 1543 wird daran erinnert, daß früher dreißig im Rat saßen. Die Zweihundert weisen aber die angeregte Aenderung zurück. Ratsprot. 1543 Febr. 6. 7.

Der kleine Rat hat Regierung, Verwaltung und Strafrechtspflege. Daneben steht ein Gerichtshof für Civilprocesse, vier Gerichtsbeisitzer und an der Spitze der Justizlieutenant, der überdieß die Polizeigewalt hat und die Untersuchung in Strafsachen führt. Für Appellationen erster und letzter Instanz, sowie für die Criminalprocesse werden jährlich besondere Ausschüsse gebildet. Für die Gesetzgebung ist der große Rat das regelmäßige Organ. Der straffällige Bürger kann ihn anrufen. Ueberhaupt aber werden alle wichtigeren Dinge an ihn gebracht, doch ist seine Competenz nicht überall fest begrenzt.

Der radical demokratische Charakter der Verfassung wird einmal durch die gewohnheitsmäßige Beschränkung der allgemeinen Bürgerversammlungen gemindert. Eine weitere Einbuße desselben liegt in dem Unterschied, den man zwischen citoyen und bourgeois macht. Vollbürger ist nur der citoyen, das heißt der Sohn eines Genfer Bürgers, geboren, nachdem der Vater Bürger geworden ist. Der Bourgeois ist von dem Eintritt in den kleinen Rat und in die Behörden gesetzlich ausgeschlossen.[1] Noch größere Einbuße aber erleidet die Demokratie in ruhigen Zeiten dadurch, daß ein Wechsel innerhalb der großen Körperschaften, auch in den ständigen Ausschüssen und zum Teil in den Behörden, wie die Verfassung ihn vorschrieb oder zuließ, tatsächlich nur ausnahmsweise stattfand. Daß man zum Beispiel die Zusammensetzung des kleinen Rats nicht nach Belieben ändern kann, erschien so selbstverständlich, daß, als in der Wahl von 1544 die Zweihundert sich herausnahmen. drei Ratsherren zu entfernen, der kleine Rat erklärte, es liege kein Grund zu ihrer Entfernung vor, und die Herren in seiner Mitte behielt, ohne fernerem Widerspruch zu begegnen.[2] Die Syndike dürfen zwar gesetzlich erst nach Ablauf dreier Jahre wiedergewählt werden: aber das hindert nicht die Wiederkehr derselben Namen in dreijährigen Perioden.

Die Natur der Dinge, die hier die demokratische Form durchbrach, insbesondere die Macht der Gewohnheit und das Bedürfniß der Ruhe,

---

1) 1545 Febr. 16 wird in der Versammlung der Deux Cens der Antrag eingebracht, den Unterschied zwischen citoyens und bourgeois aufzuheben. Er wird abgewiesen, s. Ratsprot.
2) Ratsprot. 1544 Febr. 18.

begünstigten zugleich das Emporwachsen einer neuen Aristokratie. Seit den Stürmen von 1540 und in der langen Zeit bis zu den Gewalttaten von 1555 finden wir eine bestimmte Anzahl von Namen im Besitz fast aller Ratstellen, im ausschließlichen Besitz des Syndikats, des Schatzmeisteramts, des Generalcapitanats und aller höheren Aemter. Auch die Gesandtschaften an den französischen Hof und nach dem damals französischen Chambery, nach Bern und Basel, werden nur ihnen übertragen. Diese Leute bilden keinen Stand; sie unterscheiden sich nicht von Geburts wegen von ihren Mitbürgern. Auch nicht durch Reichtum: die eigentlichen Geldleute, wenn man im damaligen Genf von solchen sprechen darf, Männer wie Antoine Lect und Domaine Franc, gehören nicht zu ihnen. Krämer und Hungerleider nennt sie Calvin. Aber sie sind im Besitz der Macht, und werden sie behalten, so lange sie das Gemeinwesen vor demokratischen Wallungen behüten und so lange sie unter sich zusammenhalten. Darum gehört es zu ihren Hauptsorgen, unter den Familien, die in ihren Kreis gehören, keine Feindschaft einreißen zu lassen. Als die Kinder Bandieres, des Generalcapitäns, der 1542 starb, Streit gegen die Witwe Michel Septs erhoben wegen der Geschenke, die der Vater der begehrten Braut dargebracht hatte, wurde ein Schiedsgericht eingesetzt zu friedlicher Schlichtung, um Feindschaft zwischen beiden Häusern nicht aufkommen zu lassen.[1])

---

1) Ratsprot. 1544 Aug. 19. La Baptisarde et ses enfans, les enfans de feu no. Bandiere. lesquelles parties sont en contencion, et sur ce ordonne de les appoiente et ne permeestre dresser mutinacion entre les deux maysons. — Oct. 20. Les enfans de feu Bandiere la vefve de feu Michiel Sept. Pour ce que lesd. feu no. Michiel Sept et Amyed Bandiere en leur vie sont este bons Genevoysans, et que a present leur successeurs sont en question, et sur ce ordonne que cella ne soyt permis, mes que les parties soyent appelles pour entendre leur different et pour les appoienter. — Oct. 22. La donne Batesarde contre les enfans de feu Bandiere. Sus la contencion estant entre eulx la cause que lesd. Bandiere proposent que promesse de mariage fust faycte entre feu no. Amyed Bandiere leur pere et lad. donne Pernete Batisarde et pour erre dud. mariage que leurd. pere ballia a la predite plusieurs bagues dor et dargent, et pourtant que par le deces de leurd. pere led. mariage nest sortyr a son effect, prient contraindre lad. Batesarde a restituyr lesd. bagues, et ayant liseu leurd. demande ballie par escript, lad. a nye entierement le contenu de leur proposite et demande, et sur ce ordonne quil ne soyt permis, quil soyent causan en different, et que pour aultant tan led. feu Bandiere que feu no. Michiel Sept en leur vivans ce sont employe aux afferes de la ville, que ambes parties doybge eslyre gens de bien pour les appoienter et la s^{ie} leur balliera superarbitres,

Dieß waren die Machthaber in Genf, als der Reformator an ihre Seite trat. Sie waren es, die seine Berufung ausgesprochen und durch die beharrliche Anstrengung eines Jahrs durchgeführt, die seine Bedingungen angenommen, seine Kirchenordnung zum Gesetz erhoben hatten. Das Werk, das er nun in Angriff nahm, konnte überall auf ihr Wohlwollen, auf ihren Beistand rechnen. Namhafte Männer der Regierung waren schon in früheren Jahren seine persönlichen Anhänger gewesen, vor allen der fromme Ami Porral, dann Claude Pertemps, der standhafte Führer der Guillermins; und als beide gestorben waren, der eine 1542, der andre 1544, trat Ami Perrin, gleichsam der politische Erbe seines Oheims Michel Sept, vollends in den Vordergrund, dem es niemand zuvortat in begeisterter, ja verzückter Hingebung an den Meister. Der junge Amblard Corna trat in nahe freundschaftliche Beziehungen zu ihm. Auf die Ergebenheit des Michel Morel und Johan Chautemps durfte er unter allen Umständen rechnen. Ueberhaupt aber verkehrten die Häupter des Staats mit ihm als mit einem hochangesehenen Freund.

Ein Vorteil für die Unternehmungen des Reformators, freilich in der weiteren Entwickelung auch eine Gefahr, lag außerdem in einer Schwäche, die dem Genfer Staatswesen damals inne wohnte. Die Regierung bestand aus neuen Leuten, denen die Uebung in Behandlung der öffentlichen Angelegenheiten, die Erfahrung, die feste Ueberlieferung fehlte. So war es schon seit einiger Zeit gewesen, und auch die persönlichen Gaben hervorragender Männer hatten dafür keine Entschädigung gewährt. Johan Philippe hatte den Staat gerade aus in den Umsturz geleitet, Michel Sept mit aller Stärke seines Charakters das Verderben nicht abwenden können. Und jetzt fehlte es selbst an Männern, die sich mit diesen beiden vergleichen konnten. Unaufhörliche Spaltungen und Auswanderungen hatten Genf leiblich und geistig arm gemacht. Mehr als jemals hätte Genf

---

lesqueulx auront puyssance de ce enqueryr tan des tesmoengs que par scyrement des parties de la verite, affin le tout paciffie. Lesquelles ambes parties hont consentyr a proceder par voex amyable, et lad. donne Batesarde a depute de sa part pour ses arbitres les s^{rs} Henry Aubert et Pierre Malagnyo, et lesd. Bandiere les s^{rs} Anthoine Gerbel consindique et Claude Roset. Toutesfoys na este accepte le s^{r} Girbel, causant loffice, et en son lieu a este mys le s^{r} Johan Coquet, et pour superarbitre le s^{r} Domenne Arlo, et hont promis et iure de obtemperer a la prononciacion desd. arbitres et superarbitre.

gerade gegenüber Calvin einer wohlwollenden, aber charakterfesten und weisen Regierung bedurft. Daß hingegen der willensstarke, eifrige und entschlossene Mann auf grundsatzlose Nachgiebigkeit und später auf ebenso grundsatzlosen Widerspruch traf, ist für den Gang, den die Dinge tatsächlich genommen haben, von maßgebendem Einfluß gewesen.

Im Staatsdienst.

Das Kirchenhaupt wurde sofort Vertrauensmann auch in den weltlichen Angelegenheiten. Bisher hatte man, wo juristischer Beirat von Nöten war, gern zu Doctor Fabri in Evian Zuflucht genommen, der entweder nach Genf geladen wurde oder das Material zur Bearbeitung an seinem Wohnort erhielt. Jetzt trat Calvin an seine Seite. Er leistete unter anderem in dem Proceß der Stadt gegen den vertriebenen Ami Chapeaurouge Dienste, die ihm besondere Anerkennung eintrugen.[1]) Auch für die Ausarbeitung eines neuen Edikts für die Verfassung der Stadt nahm man bald seine Hülfe in Anspruch.

Als die Arbeiten für die kirchlichen Ordonnanzen ihren Anfang genommen hatten, am 28. September 1541, wurde ein Ausschuß ernannt, um die Edikte über die Gerichtsverfassung, die Aemter des Lieutenants und der Beisitzer, ihre Wahl, die Taxen des Gerichts und anderes, was dahin gehörte, zusammenzustellen. Am 12. Oktober wurde der Auftrag erweitert und auf die politischen Aemter ausgedehnt.[2]) Noch zweimal im November kam die Sache im Rat zur Sprache, aber seine Beschlüsse wurden nicht ausgeführt. Am 15. Mai 1542 erhielt der Syndik Claude Roset den Auftrag, und wurden ihm als Mitarbeiter Calvin und Doctor Fabri zugewiesen. Vielleicht lag es an Fabri, daß nötig befunden wurde, am 11. September zum letzten mal den Auftrag zu erneuern und auf

---

1) Ratsprot. 1543 Jan. 2.
2) Ratsprot. 1541 Sept. 28. Ordonnances du droyet. Affin que ung chascung sache coment il ce debvraz regyr, az este ordonne que lon doybge fere des ordonnances et mode de vivre, et pour cella fere hont estes eslieuz les s^{rs} Domeyne Arlo consindique, Girardin de laz Rivaz, Claude Pertemps, Claude Roset, Johan Balard, Pierre Wandelli, m^r le lieutenant Goulaz. — Oct. 12. Ordonnances et ediest. Az este ordonne que les s^{rs} comys deputes az fere et mecstre en avant quelque ediest sus le regime du s^r lieutenant et aultres officiers, non pas tan sculement en ce, mes sus tous aultres il doybgen suyvre.

Roset und Calvin zu beschränken. Der letztere wurde für die Zeit dieser Arbeit in seinem Predigtamt erleichtert.[1])

Jetzt ist das Werk rasch zu Ende geführt worden. Der auf das Gerichtswesen bezügliche Teil wurde im November 1542 bei Gelegenheit der Gerichtswahlen vorgelegt und angenommen[2]); der umfangreichere und wichtigere Rest im Januar 1543 beendigt und kurz vor den Februarwahlen, am 28. Januar, durch die allgemeine Bürgerversammlung genehmigt.[3])

Es war nicht die Absicht des Rats, eine neue Staats- und Gerichtsverfassung zu geben, sondern nur, die bestehenden Gesetze und Gewohnheiten zusammen zu stellen und in sachgemäße Ordnung zu bringen. Damit war selbstverständlich den Beauftragten die Ermächtigung gegeben, im einzelnen zu ändern, wo es dem allgemeinen Zweck entsprach; und man unterließ nicht, ausdrückliche Vollmacht zu erteilen.[4]) Aber die Beauftragten sind allerdings weiter gegangen, indem sie den bisherigen jährlichen Wechsel aller vier Syndike, zum Besten einer ruhigen und gleichmäßigen Fortführung der Geschäfte in der Weise einschränkten, daß jedesmal zwei für das nächste Jahr im Amt bleiben und nur zwei neue Syndike gewählt werden, daher nicht acht, sondern nur vier Candidaten

---

1) Ratsprot. 1542 Mai 15 s. Annales in Opp. Calv. XXI. — Mai 16. Zu diesem Zweck werden Fabri mehrere Urkunden zugewiesen. — Sept. 11. Affin que ung chascun aye moyeant de vivre en bonne amitie, resoluz que lon suyve a fere des esdyct et la charge de commence a icyeulx a este donne a m^r Calvin et aut s^r sindique Claude Roset, et que led. s^r Calvin doybge estre exempt de prescher sy non une foys les dymenches.

2) Les edicts de la cour des s^{rs} lieutenant et auditeurs du droyct de la cite de Geneve passes en conseil general le 12. du novembre lan 1542; im Genfer Archiv. — Ratsprot. 1542 Nov. 7. Icy a este liseuz plusieurs articles sur les constitucions et gouvernement des offices. Surquoy resolu que cella que concerne la constitucion dung s^r lieutenant des auditeurs et secretayres du droyct soyt mys aux Deux Cens vendredy prochaien. — Nov. 9. Ordonnances sus le droyct. Resolu que demaien soyent liseuz lesd. ordonnances tan en petit que grand conseyl etc. — Nov. 10. Deux Cens genehmigen.

3) Ratsprot. 1543 Jan. 18. Ordonnances et loys sus lelection et charge des officiers. Icy a este advise de establyr loys et ordonnances sus lelection seyrement et charge des s^{rs} quattres sindicques tressorier deux secretayres en conseyl conselliers contreroleur soultier cappitaines banderet procureur general guex et aultres offices de la ville, desquelles ordonnances lon a liseu quelque bons meyens lesqueulx hont estes troves raysonables, toutesfoys soyent mys aux Soyxante Deux Cens et general conseyl etc. — Jan. 22. Soixante nehmen an. — Jan. 25. Deux Cens desgl. — Jan. 28. Conseil general desgl. — Abgedruckt bei H. Fazy, Constitutions de la république de Genève, p. 289 ff.

4) Ratsprot. 1541 Nov. 7. Resolu que les aultres esdict soyent visites lieuz et rabilliez en ce que lon verra expedient.

der allgemeinen Bürgerversammlung zur Auswahl vorgestellt werden sollten. Diese Anordnung und mit ihr in Verbindung eine ähnliche auf den Wechsel des Justizlieutenants bezügliche, die wir nicht näher kennen, stießen auf Widerspruch[1]) in der Bürgerversammlung des 12. November 1542 und wurden am 4. December vom Rat gestrichen. Im Hinblick auf diesen Vorgang ist wohl anzunehmen, daß noch weitere namhafte Aenderungen in das neue Verfassungsedikt Eingang gefunden haben, wenn wir auch keine derselben mit voller Bestimmtheit nachzuweisen im Stande sind.[2]) All dieß reicht aber nicht hin, um Calvin die Stellung eines

---

1) Michel Roset erzählt in der Chronik, p. 299 der Ausgabe die wir Henri Fazy verdanken: Or y eut-il quelque difficulte touchant l'élection des sindicques, car les Deux Cens avoient passé qu'on en esliroit tous les ans seullement deux pour éviter le grand changement qui peut advenir en mectant tous les quatre nouveaux, combien que de trois en trois ans on eust liberté de reprendre des vieux, mais le conseil général ne le voullut accorder. Il y avoit quelques jeunes gens qui crioyent: chascun son tour. Et à cela se faillut lors tenir. Diese Erzählung, von welcher sich sonst nirgends eine Spur findet, erhält Bekräftigung durch das Protokoll der Ratsitzung vom 4. December 1542: Sus lelection des s^{rs} sindicques ordonne que iouxte la coustume du passe soyent mys en avant huyct et du s^r lieutenant deux, et cella soyt corriger sus les ordonnances novellement faycetes. Aber der Tatbestand bleibt unklar. Das couseil général, von welchem Roset spricht, kann nur das vom 12. November sein. In dieser Versammlung aber stand nicht die Syndikwahl, sondern nur die Wahl des Lieutenants zur Beratung und Genehmigung, während die Bestimmungen über die Syndikwahl und die ganze übrige Hauptmasse des Edikts erst im Januar 1543 zur Beratung und Genehmigung gelangte. Man müßte annehmen, daß die Artikel über die Syndikwahl zur Erläuterung und Vergleichung mit den Bestimmungen über die Wahl des Lieutenants nebenbei zur Mitteilung gekommen sind. Leider fehlt in den Ratsprotokollen jede Aufzeichnung über das Conseil général vom 12. November. Daß ein solches stattgefunden und in demselben der den Lieutenant und seinen Gerichtshof betreffende Teil des Edikts zur Annahme gelangt ist, wird durch das Protokoll der Ratsitzung vom 13. November erwiesen, welches erwähnt, daß der neue Lieutenant die gestern im Conseil général genehmigten neuen Ordonnanzen in Abschrift begehrt und erhalten hat. — Unaufgeklärt bleibt, welchen Inhalt die am 12. November angenommene und am 4. December gestrichene neue Bestimmung über die Lieutenantswahl gehabt hat. Calvin kommt auf die Sache zu sprechen (Herminjard VIII 219). Er weiß, daß das neue Edikt über Gerichtswesen und Lieutenant vorgelegt und genehmigt, dann demselben entsprechend die Wahl des Lieutenants vollzogen worden ist. Er sagt auch, daß es in den Vorschriften über die Wahl eine Aenderung enthalten habe, erwähnt aber nicht, welche Aenderung. In den Ratsprotokollen, welche die Lieutenantswahl des Jahres 1542 betreffen, läßt diese Aenderung sich nicht wahrnehmen.

2) Auf eine solche Aenderung hat Henri Fazy hingewiesen, Constitutions de la république de Genève, p. 50. Schon 1539 hatte die Regierung — sie gehörte damals der Partei der Artichauds an —, um gefährlichen Ueberraschungen in der allgemeinen Bürgerversammlung vorzubeugen, ein Gesetz vorgeschlagen, daß im Conseil général kein

weltlichen Gesetzgebers zuzuteilen oder ihm das Streben nach einer politischen Umwälzung seiner neuen Heimat beizumessen. Wir dürfen vielmehr vermuten, daß die wenigen, sei es beabsichtigten, sei es durchgeführten Aenderungen im Verfassungsedikt von Roset angeregt worden sind und Calvin nur dem Syndik beistimmte. Wie wenig aber man damals in Genf Anlaß fand, dem Reformator reactionäre und antidemo-

Antrag gestellt werden dürfe, der nicht vorher im kleinen und großen Rat zur Sprache gebracht worden sei. Damals, am 16. November 1539, erhob sich Widerspruch in der Gemeinheit und es kam zu keiner Entscheidung. Jetzt, unter der Regierung der entgegengesetzten Partei, wurde das nämliche Gesetz dem neuen Edikt einverleibt und ohne Bedenken genehmigt. Beide Tatsachen sind richtig, aber wir müssen ein Mittelglied einschieben, durch welches die Bedeutung des letzteren Vorgangs wesentlich geändert wird. In dem Conseil général, das die Syndikwahl für das Jahr 1542 zu vollziehen hatte, am 5. Februar 1542, wurde eine Supplik zu Gunsten des gefangenen Johan Goula vorgelegt, aber nicht zur Vorlesung zugelassen, weil keine Supplik zugelassen werden dürfe, die nicht vorher im kleinen und großen Rat vorgelegt worden sei (Ratsprot. 1542 Febr. 5). Es ist also zwischen 1539 und 1542 ein Gesetz angenommen worden oder eine Uebung eingetreten, welche dem Antrag der Regierung von 1539, sei es teilweise, sei es völlig, entsprach. — Wir erwähnen einen zweiten zweifelhaften Punkt. Es ist auffallend, daß in dem neuen Edikt der Generalcapitän, das militärische Haupt der Stadt, ganz wie die andern Beamten vom kleinen Rat ernannt, vom großen Rat bestätigt wird, ohne eine Mitwirkung der Gemeinheit zu erwähnen; während früher dasselbe Amt wesentlich von der Wahl oder Zustimmung der Gemeinheit abhieng und dem Inhaber dadurch einen gewissen Grad von Selbständigkeit gegenüber der Obrigkeit verlieh. Dennoch werden wir gehindert, in diesem Punkt eine Aenderung des bestehenden Zustands durch das neue Edikt zu constatieren, wenn wir sehen, daß Ami Perrin, der im Jahr 1544, also unter der Herrschaft des neuen Edikts, gewählte Generalcapitän, am 10. März 1546 in offner Ratsversammlung behauptet, er sei nicht durch den kleinen Rat allein, sondern durch den großen Rat und durch die allgemeine Bürgerversammlung zum Generalcapitän erwählt worden, und diese Behauptung am 20. August im großen Rat wiederholt, beide mal ohne einer Widerrede zu begegnen. Die Protokolle des Jahrs 1544 lassen die Sache einigermaßen zweifelhaft. Am 8. Juli werden im kleinen Rat Perrin und Corna als Candidaten aufgestellt; die Stimmenmehrheit fällt auf Perrin. Am 9. Juli erhält der große Rat diese Mitteilung. Darauf erhebt sich eine Discussion darüber, wie dieser Fall zu behandeln sei; der Artikel des neuen Edikts über den Generalcapitän wird gelesen, und darauf Perrin gewählt. Vom Conseil général ist in den Ratsprotokollen erst am 18. November die Rede, nachdem das gewöhnliche, zum Zweck der Lieutenantswahl am 16. November versammelte Conseil général vorübergegangen ist, ohne daß im Protokoll des Generalcapitäns Erwähnung geschehen. Wir möchten doch vermuten, daß in dem Conseil général des 16. November die Wahl des Generalcapitäns zur Sprache gebracht und die Regierung an das Recht des Conseil général erinnert worden. Am 18. steht im Protokoll: Publicacion du capitaine general le s^r Amyed Perrin. Ordonne quil soyt publie aut conseyl general pour ce que deyja a este accepte aux Deux Cens. Damit wäre nur eine passive Beteiligung des Conseil général ausgesprochen.

kratische Absichten beizulegen, geht wohl am deutlichsten aus dem freilich vergeblichen Versuch hervor, den François Paguet in jenen Tagen machte, Calvin für die eignen Bestrebungen zu gewinnen, die nach der entgegengesetzten Seite gerichtet waren.[1])

Sehr viel wichtiger und eingreifender dagegen waren die Dienste, welche Calvin in den Verhandlungen über den Streit mit Bern geleistet hat.

Der Friede mit Bern.

Gemäß dem zwischen Bern und Genf bestehenden Burgrecht hatte Basel die ihm angetragene Vermittlung des Streithandels gegen Ende des Jahrs 1540 übernommen. Im Frühling 1541 war ein Tag in Basel, im Sommer ein zweiter in Genf gehalten worden, und jetzt, als Calvin im September nach Genf kam, waren die Baseler damit beschäftigt, die Ausgleichung der streitigen Ansprüche zu finden und in die Form eines Abschieds zu bringen.

Die alten Streitpunkte waren nicht so schwierig zu schlichten, wenn man Geist und Sinn des Vertrags von 1536 festhielt. Es galt, die Genf zukommenden Pfründen zu bezeichnen, die Hoheitsrechte Berns über die Landschaften S. Victors und des Capitels genauer zu bestimmen, eine beiderseits befriedigende Form für die erste Appellation in diesen Landschaften zu finden. Das machte keine übermäßige Mühe.

Andere Streitpunkte hatten während der Verhandlungen sich ergeben, betreffend Gefangnentransporte durch das Gebiet des Nachbarn, das Verfahren Genfs gegen Berner Schuldner, das zuständige Gericht bei Streit zwischen Genfern über liegendes Gut im Berner Gebiet. Auch hier stand die Ausgleichung unter dem Einfluß Basels sicher zu erwarten.[2])

---

1) C an Viret 1542 Anf. Dec. Quod me Paguetii rogatu hortaris ad nostros exstimulandos: utinam ipse tam bono animo ac tam prudenter observaret quod peccatur, quam ego fideliter cuperem in meas partes insistere. Sed cum stulta ambitione nunc ineptiat nunc insaniat, neque me socium habebit neque ministrum. Scis cur male omnia habere putat? quia non dominatur. — — Quid plura! homo est turbulentus, ut nosti, cui morem gerere, nisi omnia turbando, nequeam. Alium igitur quaerat.

2) Genauere Belehrung über die hier erwähnten und die nicht erwähnten Streitfragen bietet Dunant, Les relations politiques de Genève avec Berne et les Suisses de 1536 à 1564.

Die einzige bedrohliche Schwierigkeit lag in den Bestimmungen über das Schicksal der Banditen, vor allem der drei Artikulanten, aber auch einer ziemlichen Anzahl anderer aus Genf ausgewichener Parteigenossen. Bern konnte, nach allen Versprechungen, um seiner Ehre willen sie nicht im Stich lassen. „Sie müssen nach Genf hinein", äußerte der Schultheiß von Wattenwyl, „und sollten wir Genf dem Erdboden gleich machen".[1] Aber die Amnestie, die Bern forderte, lehnte Genf ab und wies auf die ergangenen Urteile: es war gegen alles Genfer Herkommen, Besiegten Gnade zu erweisen. Auch war der Groll von 1540 noch frisch im Herzen; feindliche Worte und Handlungen der Banditen, namentlich des Ami Chapeaurouge, hatten den Haß geschärft.

Gefährlicher als alles andere aber waren die neuen Forderungen, die Genf im Frühling 1541 auf dem Tag zu Basel vorgelegt hatte. Sie wollten der Verpflichtung ledig sein, die sie in dem Vertrag von 1536 auf sich genommen hatten, mit niemand außer Bern sich in Bund einzulassen. Die Antwort Berns war vorauszusehen. Genf habe, so hieß es in der Instruction für die Berner Gesandten zu dem Tag von Genf im Juli 1541, in Kraft der durch den Vertrag von 1536 übernommenen Verpflichtung die bischöflichen Lande, die Landschaften des Capitels und S. Viktors und den Savoyischen Vidomnat in Besitz genommen; wenn ihnen die Verpflichtung zu schwer dünke, so mögen sie das Gewonnene zurückgeben und sich dann nach mehr und besseren Freunden umsehen. Außerdem hatten die Genfer einen seltsamen Fund vorgebracht. Sie stellten nämlich den Satz auf, daß in Folge des Kriegs von 1536 Genf an die Stelle des Bischofs, Bern aber an die Stelle des Herzogs von Savoyen getreten sei, und begehrten demgemäß, daß Bern die Lehensoberhoheit Genfs über diejenigen Landschaften anerkenne, die einstmals der Graf von Genevois oder andere von dem Bischof zu Lehen genommen und die jetzt in den Besitz Berns übergegangen waren; und aus demselben Grund wollten sie Bern verpflichten, als Rechtsnachfolger des Herzogs die Geldsumme, die jener zur Zeit des Murtener Kriegs sich von

---

[1] Ratsprot. 1543 Juli 24. Icy Ion a refferus que Johan Pernet est venu de Basle aut quelt Basle a entendu que Wattewille de Berne a diest les semblables parolles: Il fault que les fuytifs reentre dans Geneve, quant debvryons plustout alle rase la ville de Geneve.

Genf hatte vorstrecken lassen, an Genf zurückzuzahlen. Als die Berner Herren von diesen Ansprüchen hörten, antworteten sie: „wir hätten uns solcher schmählicher unerhörter Artikel nicht versehen. Jeder Verständige wird sich sagen, daß wir nicht so unbedacht gehandelt haben werden, ihnen das Bistum dergestalt zu übergeben, daß wir dadurch ihre Lehensleute geworden wären. Auch sind wir ihnen nichts schuldig: wir hätten sonst gegen uns selbst Krieg geführt, und wären durch Genfs Rettung Genfs Schuldner geworden".[1]) In der Tat waren Anspruch und Begründung der Art, daß wohl ein Sachwalter seinen Clienten zu gefallen dergleichen ersinnen durfte, aber ein Staatsmann sich verunehrte, wenn er Gebrauch davon machte.

Im Januar 1542 war die Arbeit der Baseler Herren fertig, und wurde den beiden Städten zugesandt.[2]) Sogleich ist Calvin zu den Verhandlungen im Genfer Rat zugezogen worden[3]) und hat die Tätigkeit als

---

1) Bern Instruction auf den Tag zu Genf 1541 Juli 13. — Die Berner Boten zu Basel an Bern 1541 Mai 14. — Bern an die Boten zu Basel Mai 16. Wir haben uwer schriben sampt ingelegten copyen der nuwen artickeln, durch unsere mitburger von Jenf ingefürt, mit allerhöchstem beduren vernomen. dan wir uns sollicher schimpflicher unerhörter, insonders gantz unverdienter clagstucken und vordrungen zu inen dheins wegs versächen, achten ouch sy by allen verständigen wenig glimpfs hardurch erholen mogen, als sy ouch gantz unglimpflich und zu wenig frundschaft dienstlich sind. Dan das sy anfangs anzuchen, wie wir inen als nachkommen und successoren des bischofs uß kraft etlicher dargwenter 200 järiger brieffen unsere ingenommen und mit ufrechtem krieg eroberten herschaften und flecken erkennen sölten, vermeinten wir nit. das sy der hochen guthat. so wir inen mit ubergebung des bisthumbs, so domaln in unsern handen und gwalt gstanden, bewysen. desglichen der beschächenen vorbehaltungen so bald vergessen. Dan wir inen das bisthumb, wie es domaln, und nit wie es vor 200 jaren gewesen, zu handen gstelt, do wir zuvor die umbligenden land zu unserm gwalt gnomen und erobert ghapt. — — Glich recht und anspruch hand sy zu uns der angemaßten geltsummen und schulden halb, inen, als sy sagen, uf den hertzogen usstellig, wellich sy uns zu bezaln wysen wellen. so doch mencklichen wussend, das sy von Jenf uns etlich groß summa gelt, die sy nit one große schatzung irer burgern zusamen pracht, von des kriegs wegen sydhar erlegt, und sich under einandern die zu vermogen getället, des alles sy, wo wir inen von des hertzogen wegen zeechund gwäsen, nutzit bedorffen, sonders vil lichtlicher uns gegen dem andern abzogen hättend etc. — Die Boten zu Basel an Bern Mai 19. — Bern an die Boten zu Basel Mai 22.

2) Ratsprot. 1542 Jan. 13. — Bern Ratsprot. Jan. 18. — Das Original des Abschieds im Berner Archiv.

3) Ratsprot. 1542 Jan. 19. Sentence arbitrale de Basle. Laquelle az este visite et hont estes trouves certains articles que ne sont bien declayres, pourquoy resolus que les s^{rs} Curteti et Bandiere consindique Johan Coquet Girardin de la Rivaz Claude Per-

Friedenstifter begonnen, die man nahe und fern von ihm hoffte, überall, wo man um des Evangeliums willen das Ende des Haders zwischen den beiden evangelischen Städten herbei wünschte.

Der Baseler Spruch ordnet die alten Streitigkeiten in einer für beide Teile befriedigenden Weise. Bern erhält die Oberhoheit über die Landschaften S. Viktors und des Capitels, namentlich das Recht der Execution und der Gnade in Blutgerichtsachen, das Recht des Mannschaftsaufgebots, die oberste Appellation; für die erste Appellation soll ein gemischter Gerichtshof in der Nähe Genfs errichtet werden. Genf erhält das Kirchenregiment, die Verwaltung, die Einkünfte, außerdem vierzehn bestimmte Pfründen. Auch die später erwachsenen Streitfragen finden eine Ausgleichung, die nur wenige minder bedeutende Anstöße übrig läßt. In Sachen der Banditen läßt der Baseler Abschied die in Genf ergangenen Urteilsprüche unangetastet: die Wiederaufnahme der drei Artikulanten wird nicht gefordert; nur sollen die gegenseitigen Schmähungen aufhören und Hab und Gut frei gegeben werden. Dagegen sollen die übrigen Ausgewichenen Verzeihung, Rückkehr und Wiederherstellung erlangen, unter Vorbehalt einer leidlichen Bestrafung der Einzelnen nach Maßgabe des Tatbestands. Die drei neuen Forderungen Genfs werden in einer so glimpflichen Weise behandelt, als die Sache nur immer zuläßt. Die Aufhebung der Verpflichtung, keinen Bund außer mit Bern einzugehen, muß Genf in besonderer Verhandlung mit Bern zu erreichen suchen, wozu ihm Basels Fürsprache zugesichert wird. Die beiden andern Forderungen sollen für jetzt zurückgestellt werden, um nach dem Abschluß der ganzen übrigen Verhandlung zur Sprache gebracht zu werden.

Es dauerte mehrere Monate, bis Genf ja sagte. Die Zögerung hatte ihren Grund zuerst darin, daß man sich zunächst durch Gesandtschaft

---

temps, Johan Lambert m^r Fabri docteur m^e Calvin Claude Roset et Pierre Wandel doygent conferyr par ensemble pour fere une declaration desd. articles. — Jan. 23. Basle. Sus la pronunciation amyable envoye par les s^{rs} de Basle sus le different estant entre les deux villes Berne et Geneve hont estes demandes m^r Pierre Fabri et m^o Calvin docteur et par bonnes raysons par eulx alleguees hont diest estre davys que lon ne doybge reffuse telle pronunciation, sy non envoye ambassadeurs pour fere mieulx translate et declayrer icelle pronunciation. Et az este resoluz den advertyr les Deux Cens aveecque demaien. Et hont estes deputes pour ambassadeurs les s^{rs} Pertemps Lambert Roset. — Jan. 24. 27.

nach Basel eine getreue Uebersetzung des Aktenstücks verschaffen mußte,[1]) dann weiter in der schwerfälligen Art der Behandlung der Angelegenheit innerhalb der Stadt.[2]) Man gieng nämlich äußerst vorsichtig vor, vielleicht im Hinblick auf das Unglück, welches unlängst durch die leichtfertige Behandlung derselben Sache über die Stadt gekommen war; holte auf jeder Stufe der Beratung die Entscheidung aller Körperschaften bis zu der allgemeinen Bürgerversammlung ein, und ließ überdieß gewöhnlich durch Ausschüsse die Fragen voraus erörtern und die Beschlüsse vorbereiten. Anlaß zu besonderer Eile glaubte man um so weniger zu haben, als man einen Vorteil darin fand, zuerst Bern sich aussprechen zu lassen.[3]) Am 14. Mai fand durch Zustimmung der Gemeinheit der günstige Abschluß statt.[4]) Auch die paar Aenderungen, die man wünschte, ließ man dann fallen, als Basel widersprach.

Anders lag die Sache für Bern, das erst beharrlich schwieg,[5]) dann auf die wiederholten Anfragen Basels endlich am 9. Juni kurz die Ablehnung aussprach, indem es auf die beiden letzten Forderungen Genfs hinwies und das Ansinnen des Abschieds, dieselben an das Ende der Verhandlung zu stellen, verwarf.[6]) „Es ist uns beschwerlich", war die Antwort, „erst die übrigen Artikel anzunehmen und hintendrein in diesen beiden hochwichtigen Punkten erst Glück und Fehl zu erwarten". Es

---

1) Ratsprot. 1542 Jan. 24.
2) Ratsprot. Mz. 4. 5. 10. 12. Apr. 2. 18. 24. 25. 26. 27. Mai 5. 8. 10.
3) C an O. Myconius 1542 Apr. 17. Nos admodum anxii sumus, quod non citius post dictam sententiam Bernates et nostri exponunt quid habeant in animo. Sed cum nostros urgemus, semper obiiciunt, aequum esse ut alteri praeeant. Et id nunc scire cupiunt, an aliquid ab illis responsi habuerit senatus vester. Si quid de ea re elicere clanculum poteris. vehementer rogatum te velim. ut mihi significes. Ego modis omnibus daturum me operam recipio, ne nostri sint nimium difficiles. Quanquam hoc ipsum non potui adhuc extorquere, ut priores responderent.
4) Ratsprot. 1542 Mai 11. Ayans liseu le despart fayct a Basle etc., ayans icelluy bien vheu visite et entendu avecque le bon advys de plusieurs mesmes des spectables s^{rs} Pierre Fabri et Johan Calvin docteurs, a este resolu arreste et advise de accepter led. despart pour bien de paix et appres icelle acceptation soyent pryes les s^{rs} de Basle pour fere une intelligible declaracion sur aulchongs passages non bien esclairchyr, toutesfoys que laffere soyt mys aux Deux Cens et dymenche prochaien aut general. — Mai 11. Soixante stimmen bei. — Mai 14. Deux Cens und Cons. général desgl.
5) Bern an Basel 1542 Febr. 28. Mai 25.
6) Bern an Basel 1542 Juni 9. — Bern Ratsprot. Mai 25.

half nichts, daß auf Genfs Bitte[1]) um Hülfe Baseler Herren in Bern erschienen und dem Nachbarn zuredeten, gegen die Glaubensgenossen, auch wenn sie halsstarrig und undankbar sich erzeigten, hochherzige Nachgiebigkeit zu üben; daneben die Bedeutung Genfs für die neuen welschen Lande Berns warnend hervorhoben.[2]) Am 26. Juli erfolgte die schroffe Antwort. „Sie sollen die Genfer von den zwei Artikeln ganz abweisen, denn meine Herren wollen nichts davon hören. Es ist unerhört und keinen tapfern Leuten zuzumuten, sich in Lehenschaft und Untertänigkeit derer zu begeben, die man aus äußerster Not errettet hat; und noch weniger, mit Wohltaten und Anstrengung aller Kräfte sich zu Bezahlern fremder Schulden zu machen. Wenn Basel dafür sorgt, daß Genf uns von den beiden Artikeln in alle Ewigkeit ledig spricht, so sind wir bereit zur Verhandlung über die übrigen Punkte".[3]) Basel meldete diese Antwort nach Genf, und riet, die zwei Punkte abzustellen.[4])

Calvin bewog den Rat zur Nachgiebigkeit.[5]) Um sicherer zu gehen, wurde ein Ausschuß aus den Sechzig und dem großen Rat zur Beratung hinzugezogen, und Ende August gelangte man, in Uebereinstimmung mit dem Ausschuß, zu dem Beschluß: Antwort an Basel zu geben, daß, wenn Bern den Abschied im übrigen annehme, man die zwei Punkte für die Zeit, daß Bern die fraglichen Landschaften besitze, aufgeben wolle. Am 31. August stimmten die Sechzig, am 13. September die Zweihundert bei.[6])

Darüber aber war geraume Zeit vergangen, viele erfuhren, worum es sich handelte, und es gab Demagogen in der Stadt, welche bereit waren, die Eitelkeit des Volks für ihre Pläne auszubeuten. François Paguet stellte sich an die Spitze der Bewegung: er legte am 13. September einen förmlichen Protest ein, mit welchem er vor die Gemeinheit zu treten

---

1) Ratsprot. 1542 Juni 20. 29. Juli 2. 4. 7.
2) Bern Ratsprot. 1542 Juli 24. 26.
3) Bern Ratsprot. 1542 Juli 26. — Bern Antwort an die Baseler Boten Juli 27.
4) Ratsprot. 1542 Aug. 16.
5) C an Viret 1542 Aug. 19. Scis quid responsi dederint Bernates legatis Basiliensium. Nostri nunc sunt in ea consultatione. Nostris nunc nodus est difficilis ad solvendum, eoque magis quod etiam si hinc omnia fuerint concessa, ambiguam spem adhuc altera pars facit. Evici tamen apud senatum minorem. Precare Dominum, ut ad foelicem exitum res perducatur. Est enim periculum, ne cum in concionem ventum fuerit, omnia conturbent pauci illi, quos nosti esse veteres et exercitatos $\delta\eta\mu\alpha\gamma\omega\gamma o\upsilon\varsigma$.
6) Ratsprot. 1542 Aug. 17. 21. 28. 30. 31. Sept. 13.

drohte. Rasch wurde diese populäre Opposition stark genug, um in den Rat selbst einzudringen. Der getreueste Anhänger Calvins, Ami Perrin, ließ den Freund für dießmal im Stich, widerrief in der Ratsitzung vom 25. September seine frühere Abstimmung und erklärte die beschlossene Nachgiebigkeit für schimpflich. Sein Antrag, die beiden Punkte nicht aufzugeben, sondern vorläufig bei Seite zu stellen, gleich als wäre von ihnen nicht gesprochen worden, wurde zum Beschluß erhoben. Es soll, hieß es, mit Calvin Rücksprache genommen werden.[1)]

Als nun am 27. September die Sache in dieser neuen Gestalt an den großen Rat kam, erhob sich Paguet und brachte den Vortrag zur Verlesung, den er in der Gemeinheit halten wollte. Er sprach nicht von dem letzten Beschluß, sondern griff heftig die an, welche die Stadt des herrlichsten Rechtes hätten berauben wollen; warf dem Rat vor, gegen seine Pflicht gehandelt zu haben; den Gesandten Perterps und Tissot, ohne Auftrag die Baseler Herren um Rat gefragt zu haben. Die Gesandten wiesen ihre Instruction vor. Er antwortete: wenn man mir eine schlechte Instruction gibt, so folge ich ihr nicht. Dem Rat aber drohte er mit dem Molard, wo man die Hochverräter zum Schaffot führe. Darüber kam es zu einem Tumult; Paguet mußte auf den Knien dem Rat und den Gesandten Abbitte leisten; aber seine Meinung behielt den Sieg.[2)]

1) Ratsprot. 1542 Sept. 25. Responce a Basle. Icy hont estes donne a entendre douze instrumens des fidelites dhues a Geneve tan de Gex de Ternier que aultres plaches, et sur ce advise de ne quieter icelles a la s^{ie} de Berne, mes icella laysse en surceance, coment si jamex non fusse este parle en la cause pendante entre les deux s^{ies} Berne et Geneve, et que il soyt demande les Soyxante et Deux Cens conseyl, pour meetre tel cas en avant, pour sur cella il adviser. Et en soyt parler a m^r Calvin. — Sept. 26.

2) C an Viret 1542 Oct. 5.? Est aliud quod me vehementer excruciat. Cum putarem compositam esse litem cum Bernatibus, ecce derepente omnia abrupta. Jam decretum erat a Diacosiis, remittendum esse Bernatibus quod petierant. Restabant comitia, de quibus habendis eum senatus tractaret, Amedaeus noster dixit, se retractare quod censuerat, deinde magnificis verbis disseruit, quam turpis foret illa cessio. Nonnulli eum secuti sunt. Eo ventum est ut Sexaginta, postea Ducenti vocarentur. Cum Ducentis res esset proposita, ecce Paguetius, quasi unicus Atlas reipublicae, acerbis conviciis in eos invehi qui sponte urbem tam praeclaro iure spoliarent. Eo autem usque contentione raptus est, ut senatui forum lignarium minaretur, ubi decollari solent proditores. Tumultus gravis excitatus. Tandem in eius sententiam discessum est, nisi quod iussus est flexis genibus suppliciter veniam a senatu petere.

Ratsprot. 1542 Sept. 27. Deux Cens. La proposite dud. Paguet a este par luy mesme lisue aveeque sa proteste, et a diest que icelle volloy presente aut general. Pour

Die Beratungen im kleinen Rat begannen von neuem, und führten am 17. Oktober zu dem Beschluß: Antwort an Basel zu geben, daß man Bern von der Geldschuld lossagen wolle, die Lehensfrage aber solle bei Seite gestellt werden gemäß dem Baseler Abschied.[1]) Dieser Beschluß wäre nun wieder durch die übrigen Versammlungen zu bringen gewesen; aber man hielt inne.[2]) Jeder Verständige mußte sich sagen, daß auf diese Weise mit Bern nicht zum Ziel zu gelangen sein werde. Die Häupter der beiden Städte, die Syndike Pertemps und Curteti auf der einen, Hans Franz Nägeli und der Seckelmeister Augspurger auf der andern Seite, nahmen die Sache in die Hand,[3]) und während die Antwort an Basel unerledigt blieb,[4]) bereiteten sie den Boden für eine neue Tageshandlung.[5]) Die amtlichen Verhandlungen zwischen beiden Städten,

---

ce que Paguet a diest, que lon a fayet contre debvoyer et les ambassadeurs de Basle navient charge de demander conseyl a la s^{ie} de Basle, ce que cest conste du contrayre par les instrumens lisues aveccque le conseyl de Basle: Pertemps et Tissot ambassadeurs hont demande justice.

    Plus a diest Paguet, que si lon luy balloyt faulses instructions, que il ne suyvroyt pas icelles.

    mys en oppignyon sus tel cas.
    Paguet doybge alle tenyr prison
    jouxte lordonnance et a la dyscretion du grand conseyl.
    fere reparacions en conseyl ceans, et les paroles nayent a sortyr du conseyl
    Abstimmung.
    crye mery a Dieu et a la justice et aux ambassadeurs assavoyer Pertemps et Tissot iniustement (?) blasmes, confessant havoyer mal et meschamment parler, et ce a deux genoulx a terre.

    Et a este diest et leve la maien de tenyr icelluy different secret.

    1) Ratsprot. 1542 Oct. 2. — Oct. 17. Responce a Basle. Resolu de fere responce a Basle touchant les deux articles de largent et fidelites, et que de largent soyt libere une s^{ie} de Berne, et des fidelites cella doybge demorer en surceance jouxte le despart de Basle, et a este lisue la responce et acceptee, toutesfoys soyt mys aux Deux Cens jeudy prochaien.

    2) Ratsprot. Oct. 19. Sur ce questoyt arreste de meestre aux Deux Cens la responce de Basle affin icelle envoye, toutesfoys pour ce que lon a entendu que les ambassadeurs de Berne doybge estre en briefz icy, resolu de supercedyr encore pour ung peult de temps.

    3) Ratsprot. Oct. 30. Nov. 9. 10.

    4) Ratsprot. Dec. 5. Berne Geneve. Sus le different etc. ordonne que lon suyve appres a fere la responce de Basle.

    5) Ratsprot. Dec. 12. 19. 1543 Jan. 1. Sur ce que par cy devant estoyt donne charge aut s^r sindique Pertemps de ce informer particulierement a Berne voyer si lon pourroyt trove moyean de paciffier amyablement les differens pendant entre Berne et Geneve; sur quoy led. s^r Pertemps a recycu une lectre de Berne a luy particulierement

die dann begannen, brauchten viele Zeit, bis die Zuziehung der Baseler Herren zur Vermittlung wieder vereinbart, dann Ort und Zeit des Tags bestimmt war. Ende Juli 1543 wird zu Bern die Versammlung eröffnet; am 23. August ist Basel mit dem neuen Abschied fertig, und am 30. wird er in Genf übergeben.[1])

Calvin berichtet an Viret: „Der zweite Abschied ist ungefähr dem ersten gleich, nur ist er Bern zu lieb den Banditen etwas günstiger gestellt, doch ohne in der Hauptsache zu ändern, und außerdem spricht er Genf die Lehenshoheit ab. Ich bin zugezogen worden,[2]) und habe zwar nicht für einfache Zustimmung sprechen zu sollen geglaubt; doch wird die Antwort, hoffe ich, wenn sie gleich nicht überall befriedigend ausfällt, doch den Stempel der Mäßigung und Billigkeit tragen". So weit hatte Calvin geschrieben, als die Nachricht eintraf, daß Bern den neuen Abschied angenommen habe. Calvin wurde gerufen und bewirkte durch einen langen und nachdrücklichen Vortrag, daß man beschloß, die Be-

---

envoye par les s^{rs} Hans Frantz Neyguele et Michiel Auspurgue borsier, laquelle a este lisue contenant en soubstance, quil hont parle a plussieurs s^{rs} dud. Berne, lesqueulx sont de bon volloyer, que tel afferes ce paciffient amyablement, et que si lon envoye ambassadeurs vers eulx. quil esperen que laffere ce mecstra en bon ordre. Sur quoy resolu etc.

1) Ratsprot. 1543 Jan. 8. 10. 19. 29. Febr. 12. 15. 23. Mz. 9. 15. 16. 18. 19. 30. 31. Apr. 13. 16. 18. 23. 25. 26. Mai 18. 21. 23. Juni 1. 9. 15. 18. 25. Juli 3. 5. 13. 15. 16. 17. 18. 19. 30. Aug. 4. 6. 8. 30. — Bern Antwort an die Genfer Boten 1543 Jan. 6. — Bern Ratsprot. 1543 Jan. 5. 6. 8. Febr. 7. 8. Mz. 3. 5. 12. Apr. 9. Juli 25. — Bern an Genf 1543 Jan. 16. Mz. 12. 22. Juni 6. 14. — Basel an Bern Aug. 23.

2) Ratsprot. 1543 Sept. 4. Et cependant que lon ne laysse a assemble des gens pour visiter et mieulx entendre led. despart pour dresser une responce suffizante. Et a este ordonne, que de jour en jour le conseyl ordinayre soyt assemble, et soyt demande m^r Calvin, le s^r lieutenant, audicteurs et secretayres du droyct, les chatellaens de Pigney et Jussiez, m^r Loys Becjaquet, m^r Fran. Chappuys, Loys du Four, Domene Franc, Mathieu Canard, et soyt assemble le conseyl demaien etc. — Sept. 6. Lecture du despart. Debattus et note les points fayssant pour nous et contre nous. — Sept. 7. — Sept. 10. — que journellement lon aye a suyvre appres telles responces, et quant il sera paracheve, quil soyent assembles les s^{rs} Calvin, m^r le sindique de la Rive, Pertemps, Roset, Lambert, lesqueulx debvront dresser en forme dhue lesd. responces etc. — Sept. 11. Zur Abfassung der Antwort deputes quattres: Calvin, Pertemps, Roset, Lambert. — Sept. 14. Sept. 15. Lon a suyvit a fere la responce etc. et a este trove raysonable, toutesfoys ordonne que les quattres comys ce doybgent reassembler, et hont estes encore deputes avecque eulx les s^{rs} de la Rive consindique, J. A. Curteti, Dom. Arlo et Pierre Wandel.

ratung von neuem aufzunehmen.¹) Am 3. September hatte Bern den Abschied angenommen.²) Da es bei Beginn des letzten Tages, am 25. Juli, den Baselern erklärt hatte, daß es ihnen zu Ehren zwar in der Verhandlung fortfahren wolle, ehe die zwei Artikel abgetan seien, aber zum voraus alle Verhandlung für nichtig ansehe, wofern in derselben nicht dieß Ziel erreicht werde³): so dürfen wir nicht zweifeln, daß in den neuen Abschied die Bestimmung, die wir nachher in dem Vertrag vom 3. Februar 1544 finden, bereits aufgenommen war, daß nämlich Genf durch eine an Bern auszustellende Urkunde die beiden Ansprüche gänzlich aufzugeben habe. Calvin schreibt sich das Verdienst zu, den Genfer Rat zum Nachgeben bestimmt zu haben. Wir kennen die Antwort nicht, die der Ausschuß der acht, in welchem Calvin saß, am 18. September vorlegte; wir entnehmen nur aus den späteren Verhandlungen mit Basel, daß sie in dem Punkt der Lehenshoheit den Bernern nicht völlig genug tat, aber aufgeben wollte sie den Anspruch an Bern, und diese Entscheidung stieß auf dieselbe Opposition wie im vorigen Jahr. Der kleine Rat genehmigte die Antwort, ebenso die Sechzig, die Zweihundert, und am 19. September auch die Gemeinheit. Aber in der Gemeinheit kam es zu Unruhen, Paguet steht wieder an der Spitze, mit

---

1) C an Viret 1543 Sept. De sententia Basiliensium iactari et multos et sinistros rumores nihil est mirum. Nam et multi sunt qui fingant rem male habere, quia sic cuperent, nec desunt qui libenter recipiant quod confictum est. Ut autem paucis dicam, superiori est non multum absimilis, quin etiam eadem fere, nisi quod in exsulum causa gratificatur nonnihil Bernensibus, sed eo usque tantum, ut illis extra urbem cautum sit, in urbe omnia integra relinquit, deinde quod supremum in praefecturas dominium nostris abiudicat. Ego in consilium adhibitus, partim quia sic utile reipublicae esse iudicabam, partim quia contra tendendo nihil me profecturum cernebam, censui non simpliciter acquiescendum esse. Ut autem obiter hoc quoque dicam, dum venditare se quisque studet, certatim plausibilem sententiam singuli dicunt, nemo salutarem, nisi forte unus aut alter. Quanquam etiamsi nemo restitisset, hoc tamen eram ultro suasurus, ut explicationem alicubi adiicerent. Scis cum quibus nobis sit negotium. Caeterum responsio talis, spero, futura est, quae si non satisfaciat per omnia, ostendat tamen satis aequam moderationem.

Quum haec scripsissem, supervenit commodum nuncius, a Bernatibus receptam sententiam. Ego accitus in senatu longa et vehementi cohortatione impetravi, ut ad novam consultationem redirent. Factum est senatus consultum, ut septem mecum dispicerent de conficienda formula. Nisi aliunde Satan obturbaverit, bene spero. Certe multum mihi egisse videor, quod saltem ad concordiae studium animi sint revocati, atque ita compositi ut ad cedendum inclinent.

2) Bern Ratsprot 1543 Sept. 3. — Bern an Basel Sept. 3.
3) Bern Ratsprot 1543 Juli 25.

ihm neun andere erklären, sie würden die Lehenshoheit nicht aufgeben. Am folgenden Tag erscheinen sie vor dem Rat, wiederholen ihre Erklärung, und fordern den Zusammentritt der Zweihundert, um dort ihre Sache zu vertreten. Es war möglicher Weise der Anfang einer Volksbewegung gleich jener des Jahres 1540; auch einen Parteinamen wie damals hatte François Daniel Berthelier schon für die Gegner erfunden, er nannte sie Quictanciers.[1]) Nun blieb die Obrigkeit zwar fest. Sie versammelte die Zweihundert, aber um Klage gegen die Opponenten wegen Verschwörung und gefährlicher Umtriebe zu erheben. Es wurde Untersuchung beschlossen und die Verhaftung der Unruhestifter angeordnet. Aber die Vorgänge hatten doch so großen Eindruck gemacht, daß der Rat für notwendig befand, am 26. September nochmals an die Zweihundert zu gehen: man möge ihn der schmählichen Vorwürfe entledigen, zu dem Zweck einen Ausschuß mit der Durchsicht der gesamten Akten beauftragen. Der große Rat lehnte ab, bezeugte von neuem sein Einverständniß mit dem kleinen Rat, und ließ das Verfahren gegen die Unruhestifter fortsetzen. Paguet hat damals zu rechter Zeit die Stadt verlassen und ist Jahre lang nicht wieder gekommen.[2]) Die anderen

---

1) Ratsprot. 1543 Sept. 17. 18. 19. Toutesfoys sus les passages des fidelites se sont opposes et ny hont voulsu consentyr Fran. Paguet, Claude de Lestra, Embler le joienne, Johan Cusin, Fran. Daniel Berthellier, Nycod du Chesne, Johan Fontanna, Martin Fienda etc. — Sept. 20. Jo. Cusin diest Lambert, Jo. Fontannaz, Andrier Embler, Nycolas Porral, Fran. Daniel Berthellier, Martin Fiendaz. lesqueulx hont expose, coment il ne veulle en sorte que ce soyt consentyr a quicter a Berne les fidelites, mes ce oppose a cella pour leur et les leurs jusque a cent ans, priant revoyer encore laffere et leur oultroye ung conseyl des Deux Cens, et si il ce trove en tort, il supporteront les despens, et de ce hont prier leur concedyr testimoniales, et sur ce que lon aye a visite les droys et tiltres de lad. fidelite, affin que le petit conseyl en soyt decharge. Et daventage Berthellier a diest que il demande, quil soyent aoye en grand conseyl, autquelt il declayreront plus oultre. Ordonne que le conseyl ordinayre soyt reassemble aveeque deux heures appres midy. — Sept. 20. appres midy. Dieselben, dazu Pierre Guyblet. lesqueulx hont derechier prier leur oultroye ung conseyl des Deux Cens pour declayrer leur intencion de leur opposicion, et Berthellier mesme a diest que, combien que il seroy quicter, que il ny consentiroy jamex, combien quil dheu perdre la teste, et que il ne quicteroy jamex chose de laquelle non est informe ny advertys. Lon a heu bonnes informations, coment led. Berthellier a controvee ung nom assavoyer quictancier, ce que ne doyb estre permys. Ordonne que les Deux Cens soyent demaicn demandes, et que en icelluy soyt fayct plaintiffs des surnommes et specialement dud. Berthellier quil a controve led. nom quictancier.

2) Ratsprot. 1543 Dec. 17. Chatelaien de Jussy Fran. Paguet lequelt de longtemps nha excreyr son office, causant quil est dehors, et sur ce ordonne, quil en soyt

blieben im Gefängniß und wurden nach einer oder zwei Wochen mit Verweis entlassen, Berthelier erst nach einem Monat, nachdem er im großen Rat nach Vorschrift um Gnade gebeten hatte.[1]
Calvins Hülfe war frühzeitig zu Beschwörung der Demagogie in Anspruch genommen worden, aber noch im November wurde zu gleichem Zweck Farel von Neuenburg auf einige Tage herbeigeholt.[2]
Die entgegenkommende Botschaft, die Pertemps am 28. September nach Basel trug,[3] so mühsam und nicht ohne Gefahr zu Stande gebracht, hatte nicht den gehofften Erfolg. Basel erwartete mehr als nur ein Entgegenkommen, vielmehr die Annahme des Abschieds. Als jetzt wiederum Bedenken und Wünsche zum Vorschein kamen, also neue Ver-

---

pourvheu dung aultre, et lellection ce pourra faire demaien. — 1544 Jan. 14. Pour ce que le s^r Francoy Paguet a longtemps demore en France en tant que par sa culpe la justice est retarde a Jussiez dont il est chatellaen, et sur ce ordonne quil en soyt fayet election daultre etc. — Jan. 25. Fran. Paguet chatellaen de Jussiez. La femme a presente une supplication, par laquelle expose quil est fort occupe a ses negoces, et quant a son office playra a la s^{ie} dy pourvoystre. Et sur ce ordonne que lellection de tel office soyt demore coment paravant, cest quil soyent mys aux Deux Cens les s^{rs} Pierre Somareta et Loys Blecheret. — Juli 1. Der Rat setzt sich mit Paguet in Verbindung, um Nachrichten vom französischen Hof zu erhalten.
1) Ratsprot. 1543 Sept. 21. Plaientiffs des s^{rs} du petit conseyl. Sur ce que Johan Cusin, Johan Fontannaz, Andrier Embler, Nycolas Porral. Martin Fienda, Fran. Daniel Berthellier, Nicod de Chesne et Pierre Guyblet venire hier en conseyl ce oppose a la responce fayete sus le despart de Basle et specialement sus larticle de la fidelite, et daventage hont controvee ung nom assavoyer quictancier, et plusieurs aultres propos par eulx diest, attendu que lad. responce a este passe par petit, grand et general conseyl : ordonne de propose celle chose en gran conseyl et de cecy fere plaientiffz. — Deux Cens. Icy a este expose, coment led. Fontanna et ses compagnyons ce sont assembles et conspire entre eulx quelque chose que pourroy estre aut det. . ent de la ville, voyeant quil ce opposent a ce que par la communaulte a este arreste, et deyja ont impose ung nom assavoyer quictanciez, parquoy que lon il aye de ladvys. Et surce ordonne, quil soyent aoys lon appres laultre; ce quast este fayet; et pour ce quil sont toutjour perseverant a leur premier propos, ordonne quil soyent constitues prisonniers, et que appres disne lon les doybge alle fere respondre. — Sept. 24. — Sept. 26. Deux Cens. Les s^{rs} du petit conseyl, affin quil ne demore ainsy blasme, hont prier eslyre daultres gens pour voyer les droys et visiter les afferes et leur ministre justice. Et sur ce le petit conseyl cest retyre. Et le gran conseyl et la plus haulte voex dicelluy a ordonne, que il demoren jouxte la responce fayete par petit gran et general conseyl, et que en sorte que ce soyt il ne veulle entreprendre sus le general, et quant aux delinquans que il soyent chastics. — Sept. 28. 29. Oct. 5. 23. 26. 29.
2) Ratsprot. 1543 Nov. 13. 26. 27.
3) Ratsprot. 1543 Sept. 24. 25. 26. 27. 28.

handlungen mit Bern in Sicht traten, erklärten die Herren, sie seien der Sache müde und möchten Bern nicht weiter belästigen.¹) Man hatte also jetzt vorerst den Widerstand der Vermittler zu überwinden. Dazu bedurfte es außergewöhnlicher Anstrengung. Calvin, Roset und andre mußten an einflußreiche Leute in Basel, vornehmlich an Bernhart Mayer, schreiben, der Amtsbruder Myconius dort wurde zur Hülfe gefordert, die Stadt Genf schrieb an ihn, Farel richtete seine stürmische Beredsamkeit auf dasselbe Ziel.²) Daneben mußte der Gegensatz der Forderungen ermäßigt werden; der Ausschuß arbeitete eine neue Antwort aus, diese machte den gewohnten Weg durch die verschiedenen Versammlungen bis zur Gemeinheit, fand überall Genehmigung, und von neuem giengen Gesandte nach Basel.³) Jetzt wurde ihnen Erhörung zu Teil. Während sie in Basel warteten, gieng eine Abordnung des Rats, Bernhart Mayer an der Spitze, nach Bern, um die Forderungen Genfs vorzutragen und ihre Annahme zu empfehlen.⁴) Außer drei Nebenpunkten waren es der Vorbehalt der Lehenshoheit über die Aemter Gex und Ternier für den Fall, daß Bern den neuen Besitz wieder aufgebe, und der Wunsch, daß das Verbot anderweitiger Verbündung Genfs einem Bund mit den Eidgenossen Berns nicht im Weg stehen möge. Diese beiden Ansprüche wies Bern am 3. December wie immer zurück;⁵) aber im übrigen gieng es willig auf die Bedingungen

---

1) Ratsprot. 1543 Oct. 15. que deyja il estoyent trop fache dud. affere et que plus il ne escriroyent ne facheroyent plus lesd. de Berne.
2) Ratsprot. 1543 Oct. 15. Ordonne qui soyt rescript a nous ambassadeurs, qui fassent les remonstrance touchant led. affere et aussi de faire le semblable a m^{rs} de Basle, et pour cella fere que m^r Calvin le secretaire Roset dictent des lectres, lesquelles seront visite a demain en conseyl et sur cella envoye aud. nous ambassadeurs. — Oct. 16. Mr Calvin. lequelt a expose, si plaict a m^{rs}, qui en escripra appart au s^{rs} Bernard Maier de Basle et aultres dud. affere. Sur quoy ordonne, qui en escripve a cieulx qui entendra estre expedient. — Oct. 17. Mr Calvin a aussi escript une lectre au s^r Bernard Mayer, de la quelle le double a este lissuz icy en conseyl, lequel a este trouve bon, et ordonne de la faire tenir a m^r Miconius predicant de Basle avec une lectres adressant aud. Michonius, affin de plus surement la faire tenir aud. banderet Mayer, et de le prier de nostre part, qui nous aye en nous affaire pour recommande. — Oct. 23. 26. 29.
3) Ratsprot. 1543 Oct. 29. — Oct. 31. s. Annales p. 323. — Nov. 1. 2. 3. 4. 5. 6. 7. 9. 12. 13.
4) Ratsprot. 1543 Dec. 1. — Bern Ratsprot. Dec. 1. 3. — Kurz vorher hatte Bern sich erkundigt, ob Genf annehme oder ablehne. Bern an Basel Nov. 7.
5) Bern Antwort an die Basler Boten 1543 Dec. 3. Fürer betr. die artickel der fidelitet umb die herschaften Gex und Ternier, ouch das gelichen gelt so dem hertzogen

des Gegenparts ein, so daß Mayer befriedigt nach Basel zurückkehrte und die Genfer ermahnte, jetzt zuzugreifen, sonst werde man in Basel kein Gehör mehr für sie haben. Der Unterschied der Meinungen in Sachen der Lehenshoheit war kaum mehr von praktischer Bedeutung, und die Aufhebung des Verbots, sich mit den Eidgenossen zu verbünden, sei ohne allen Zweifel, meinte Mayer, von der Zukunft zu erwarten.[1]) Die Gesandten brachten die Berner Antwort vom 3. December nach Genf. Auch hier fand man sie im ganzen zufriedenstellend, nur trug man noch immer Bedenken, über die Weigerung in den beiden Hauptpunkten hinweg zu gehen.[2]) Erst ein Gutachten Calvins, das in der Sitzung des 30. December vorgetragen wurde,[3]) bewirkte die Entscheidung

worden, hand sich m. h. nit weigern lassen uß dem vertrag ze gand, vermeinen ouch mit irem trostlichen sorglichen zuzug, so sy den Jenfern in letster not getan, nit verdient huben, das die Jenfer sich sölicher ansprachen gebruchen sollen, noch by so frischer gedachtnuß bewyßner gutthaten so große undanckbarkeit erzöigen, minen h. ire herschaften mit underthänigkeit ze repennigen, wie anzöigt, dero ein stat Genf nie in possess gsin. Gliche meinung hab es ouch zuletst des vertrags halb mit inen gemacht. das sy sich mit niemand witer verpunden willen, wellichs sy nit umbsunst noch vergebens ingangen, sonders gantz wol begapt und erhöcht; dan inen von sollicher bewilligung und sunst gnediger früntlicher neigung wegen das bisthumb und anders, so sunst dumaln in in. h. gwalt gstanden, zu handen komen. Darby und allem dem, so die ewig verschribung dis artickels halb zugibt, lassens m. h. bliben und wollend des nüt mer hören gedencken, sonders glat abgeslagen haben, mit früntlicher beger, ein ers. rat der stat Basel wel dise m. g. h. gebne antwurt im besten und nach gestalt der sachen aufnämen; dan was m. h. umb jemands willen thun künden und möchten, wolten sy fürnämlich und vorab iren vertrüwten lieben wolverdicnten eidgenossen von Basel zu eere und gevallen ouch thun.

1) Der Bericht der Genfer Gesandten über ihre Verhandlungen in Basel s. Ratsprot. 1543 Dec. 15.

2) Ratsprot. 1543 Dec. 27. Lon a derechier liseu et visite la responce apporte de Basle fayete par Berne et sur ce lon la trove raysonable, synon quant aux fidelites Gex et Ternier et quant a fer allyance ausy, et sur ces deux poinct ordonne que lon il aye a penser pour il adviser lungdy.

C an Farel 1543 Dec. Retulerunt (legati) non contendere Bernates quin expungant arbitri particulam quae nos male habebat. nempe in urbe. De aliis etiam satis mite et moderatum responsum, nisi quod de novis foederibus faciendis postulato nostro non consentiunt. Unus ergo hic nodus restat, an resignare ius suum velint nostri simpliciter, cui iam certa lege renunciaverant, nempe ut relaxarent Bernates, quod facere detrectant. Si consilium meum valebit, acta res est: sed vereor ne ultra vires more nostro feroces simus. Brevi audies quorsum res ceciderit.

3) Ratsprot 1543 Dec. 30. Responce de Berne envoye par les s^{rs} de Basle laquelle derechier a este liseu, et sur ce lon a rappourter ladvis de m^r Calvin, lequel est tel que lon accepte le contenuz de lad. responce, moyennant que declaracion et intelligence soyt

für Annahme der ganzen Antwort. In den folgenden Tagen traten die anderen Körperschaften dem Beschluß des kleinen Rats bei, und am 9. Januar 1544 giengen Gesandte zu unmittelbarer Verhandlung mit Bern ab.[1]) Es war noch ein geringer Anstoß übrig, der die Behandlung von Bernischen Schuldnern in Genf betraf. Bern war bereit zur Verständigung, aber der Vorschlag, den es den Gesandten machte, bedurfte der Genehmigung Genfs, und so gieng die Sache nochmals zurück zu der gewohnten viermaligen Beratung. Man glaubte zu Ende zu sein — denn daß der Rat an die Stelle des Berner Vorschlags in Betreff des Schuldgefängnisses die Bestimmungen des Burgrechts setzte, war kein Hinderniß für den endlichen Abschluß — da wurde plötzlich alles wieder in Frage gestellt durch einen Vorgang, den leider die Ratsprotokolle kaum andeuten.[2]) „Fast wäre, schreibt Calvin, meine ganze Arbeit vergeblich gewesen. Aber als ich kaum mehr auf einen glücklichen Ausgang zu hoffen wagte, hat uns unverhofft der Herr wunderbar

---

faicte, toutefoys soyt encore demaien revisite laffere. — Dec. 31. Responce de Berne. Ayans derechier entendu lad. responce, ordonne que tout son contenu soyt accepte, reserve des emprisonemens que lon demore jouxte le contenuz de la bourgeoysie, toutesfoys telle acceptacion soyt envoye par ambassadeurs a Berne, nonpourtant que le tout soyt mys aux Soyxante Deux Cens et general conseyl.
    1) Ratsprot. 1543 Dec. 31. 1544 Jan. 1. 2. 4. 6. 7. 9. — Bern Ratsprot. 1544 Jan. 16. 17. 19. 26. 28. — Bern Instr. nach Basel 1544 Jan. 28.
    2) Ratsprot. 1544 Jan. 20. Claude Pertemps berichtet über die Berner Verhandlungen. — Jan. 21. Der kleine Rat beschließt die Antwort an Bern: Ordonne que touchant des imprisonemens par finale conclusion lon ne fera aultre que jouxte le contenu de la bourgeoysie et que a cause de ledict faict de observe le contenuz de la bourgeoysie lon ne seroy si ose de alle contre le seyrement et ledict. — Jan. 22. Die Sechzig und die Zweihundert genehmigen die Antwort. — Jan. 23. Die Sache wird dem Conseil général vorgelegt. Beschluß: remys en un aultre conseyl et appelle le petit, Soixante et Deux Cents et demain le general. — Sitzung des kleinen Rats: Verhandlung über die Gefangenen. Sur ce que lon a mys en opiguyon voyer si les predicans seryent aoys aut non sus la remission du conseyl general, Resolu non et que lon ce tien a ce quest este fayet par cy devant jouxte la bourgeoysic. — Sechzig und Zweihundert bleiben bei dem bisherigen Beschluß. — Jan. 24. Verhandlung über die Gefangenen. Joh. Fontanaz. le faire respondre des iniures qui az diest contre m^r le sind. Chicant etc. — Conseil général. liseu la responce que lon demore a la responce. Abstimmung. et soyt oste lexhibicion de la bourgeoysie. J. Fontannaz en conseyl general a diest que cieulx que hont fayet venyr m° Guillen Fare il sont meschans et traystre, et quant il estoy detenu pour les fidelites que m^r Calvin lally visiter et luy parla de tel cas et quil pensoyt que lon le volisse alle pendre et quil avoyt dict chose contre sa conscience. Estaut retire le gen. conseyl, Beschluß, Fontannaz zu verhaften etc. — Febr. 22. Mz. 4.

angestrahlt".[1]) Am 3. Februar wurde zu Basel der Vertrag zwischen den beiden Städten geschlossen, der dem langen Streit ein Ende machte.[2]) In den folgenden Wochen kamen Berner Gesandte nach Genf,[3]) um die Artikel des Vertrags in Ausführung zu bringen, Brief und Siegel über den Verzicht Genfs auf seine anstößigen Forderungen zu empfangen, auch um für die Banditen ihr Fürwort einzulegen. Die Stadt begnügte sich mit einer Geldbuße und öffnete ihre Thore selbst den Articulanten Lullin Monathon und den Erben des unterdes gestorbenen Ami Chapeaurouge.[4]) Man war allerseits froh über den wieder erlangten Frieden. „Nicht Frieden bloß, schreibt Calvin, haben wir jetzt durch Gottes Wohltat, sondern die innigste Eintracht, und ich glaube an ihre Dauer".[5])

Blicken wir zurück, so läßt sich nicht verkennen, daß der Streit, nachdem er einmal in die Hände der Schiedsherren gelangt war, gar wohl in kurzer Zeit geschlichtet werden konnte, und daß nur die ebenso ungehörigen als aussichtslosen Ansprüche, die Genf 1541 erhob, die lange Dauer verschuldeten. Mißgeschick und eine unverhüllte Demütigung waren die Folge des leichtsinnigen Uebermuts, und unvermeidlich mußte zugleich das Ansehen der Obrigkeit im Volke sinken, wenn auch vorerst gelang, die Demagogen nieder zu halten. Niemand aber hatte in diesen Jahren bessere Gelegenheit, als Calvin, die Herren kennen und schätzen zu lernen. In vertrauter Mitteilung rügt er ihren Größenwahn: „es ist ihre Art, über Vermögen sich in die Brust zu werfen". Mit innerem

---

1) C an Bullinger 1544 Feb. 17. Non sine magna difficultate fuerat effectum ut prior sententia quam tulerunt Basilienses hic reciperetur. Secunda plus mihi exhibuit molestiae. Nam et plus in ea concessum Bernatibus fuerat, et nostri, quia iam officio perfunctos se esse iudicabant, praestabant se aliquanto duriores. Itaque non leviter sudare me oportuit. Quanquam parum abfuit quin totus meus labor irritus caderet. Sed quum iam vix laetum exitum sperare auderem, Dominus ex insperato nobis mirabiliter affulsit.

2) Der Vertrag vom 3. Hornung 1544 im Berner Archiv.

3) Bern Instruction nach Genf 1544 Feb. 18. — Die Urkunde des Verzichts Genfs auf seine Ansprüche, im Berner Archiv. — Vertrag 1544 Mz. 6. 7. ebenda.

4) Ratsprot. 1544 Febr. 5. 15. 18. 23. 26.—28. Mz. 1. 3. 4. 7. 8. 10. 11. 12.

5) C an Bullinger 1544 Feb. 17. Nunc ergo Dei beneficio non pacem modo, sed summam quoque concordiam habemus, quam firmam fore confido. — C an Farel 1544 Mz. 25. Concordiam, quantum coniecturis assequor, firmam ac stabilem fore confido. Nam et Bernatium legati abunde satis factum est, ut laeti domum redierint, et nostri sibi plurimum gratulantur, utcunque non omnia impetrarint quae volebant.

Mißbehagen wohnt er den langen Beratungen bei, wo jeder sich geltend zu machen strebt, jeder den Beifall sucht, niemand das gemeine Wohl, ausgenommen etwa einer oder der andre. Mit der Ausnahme war wohl vornehmlich Claude Perteinps gemeint, der leider schon 1544 gestorben ist. Um so mühsamer, aber auch um so wertvoller erwies sich die Arbeit des geistlichen Ratgebers, der draußen die Ungeduld, drinnen die Unvernunft, daneben auch den bösen Willen zu überwinden hatte, oft genug sich versucht fühlte abzulassen, aber immer wieder die halbzerrissenen Fäden aufnahm, bis er das Werk zu Stande gebracht hatte. Jetzt wurde ihm vor allen Lob und Tadel zu Teil, die Vorwürfe der Demagogen richteten sich gegen ihn,[1]) von den andern wurde er als der Friedensstifter anerkannt und gefeiert. Auch von Bern. Bern zeigte sich damals bereit, dem Wunsch der Stadt Genf zu gefallen Viret wiederum auf ein halbes Jahr als Helfer im Kirchendienst herzuleihen, und als Calvin dafür den Berner Gesandten Dank sagte, erhielt er zur Antwort, es sei ihm zu Liebe geschehen.[2])

Die Kirche.

Während dessen hatte Calvin, im Einvernehmen mit der Obrigkeit, für den Wiederaufbau der Kirche gesorgt.

Predigten wurden gehalten, so oft als bei der anfangs geringen Zahl der Geistlichen möglich war. Daneben giengen Vorlesungen über die hl. Schrift. Die Kinder erhielten Sonntags Unterricht, nach einem von Calvin ausgearbeiteten, in Frage und Antwort gefaßten Katechismus. Mittwochs in den frühen Morgenstunden fand Predigt und Gebet statt,

---

1) Ratsprot. 1544 Jan. 18. F. D. Berthellier. Ion a revelle que led. Berthellier a dies aulcunes parolles contre m^r Calvin, et sur ce ordonne que de cella en soyent prinses bonnes informations, affin selon icelles en fere justice. — Jan. 24. Johan Fontanua beschuldigt Calvin im Conseyl general.

2) C an Farel 1544 Mai 31. De Vireto inita erat ratio me nesciente, quanquam id quidem quod gestum est procuraveram multo ante ut fieret. Sed quum Berna reversi essent legati nostri, subito praeter spem audivi impetratum, ut huc veniret ad sex menses noster futurus. Egi legatis Bernensibus gratias, quod mihi datum prae se ferebant. Nunc restat ut fratres assentiantur, quod non difficulter obtinebitur, ut spero. — Die Collegen haben ihre Einwilligung damals nicht gegeben.

an dem die Dienstboten teilnahmen, darauf sollte die Arbeit beginnen. Die Taufe wurde Sonntags in der Kirche vor versammelter Gemeinde vollzogen; das Abendmahl viermal jährlich gefeiert. Für beide Sacramentshandlungen schrieb Calvin die Liturgie vor. Die Kinder wurden zum Psalmengesang angeleitet. Für die Schule suchte Calvin erst die Rückkehr Mathurin Cordiers zu erwirken,[1]) einstweilen sorgte Sebastian Castellio; im April 1542 wurde dieser förmlich als Regent angestellt mit der Verpflichtung, zwei Unterlehrer zu halten.[2]) Das Spital wurde wie bisher als städtische Anstalt weiter geführt, unter einem Verwalter und den jährlich gewählten unbesoldeten Procuratoren; aber es war durch die Kirchenordnung wie die Schule an die Kirche angereiht, und wurde von Calvin nicht außer Acht gelassen. Zunächst war auch hier auf die Seelsorge Bedacht zu nehmen, dann der Armen zu gedenken. Die Not der Armen, Teuerung und Arbeitsmangel führten weiterhin auch zu gewerblichen Einrichtungen, bei welchen Antrieb und Rat Calvins sich wertvoll erwiesen.[3])

Das Consistorium trat zusammen. Es besteht aus den Predicanten und zwölf Beisitzern, deren zwei aus dem kleinen Rat, vier aus den Sechzig, sechs aus dem großen Rat genommen sind. Den Vorsitz führt der zweite Syndik. Es hat einen Sekretär und einen Diener. Die Widerspenstigen werden vom Rat gezwungen, vor dem Consistorium zu er-

---

1) C an Farel 1541 Dec. Verum obsecro te mi Farelli, ne patiaris Corderium detrectare hanc provinciam quae offertur. Neque enim aliter spes ulla est erigendae scholae, nisi oblitus sui Domino hic servierit.

2) Für alles, was Castellio angeht, verweisen wir auf das vortreffliche Werk von Buisson. Sébastien Castellion, sa vie et son oeuvre. Paris, 1892. In Betreff der Anstellung an der Schule s. Buisson I 136 ff.

3) Ratsprot. 1544 Dec. 29. Mr Calvin ministre. lequelt a prier meestre ordre sus les povres et de trover le moyen pour avoyer ung mestier pour fere travallie les povres gens etc. — Dec. 31. Ordre sus les povres. Pour ce que causant la chierte du temps la multitude des povres est habundante en Geneve, sur quoy a este advise de les sodier le mieulx quil sera possible, et quil soyt mis ung bon ordre a l hospital, et affin que nul ne soyt oyseulx, a este ordonne de regarde de meestre ung mestier en Geneve, coment la drapperie ou de fere les fustennes les ostades et demy ostades, et pour trove quelque bon moyen la charge a este donne aux srs Henry Aubert, Claude du Pan, Johan Chautemps et Mic. Varro, et semblablement soyt appelle mr Calvin et le me Savoex, lesqueulx debvront fere leur relacion demain en conseyl ordinayre et ausy doybge estre present mr le sindique Tissot. — 1545 Mz. 19.

scheinen.¹) Es hat vorzüglich mit den Resten des katholischen Glaubens zu tun, sieht auf den Kirchenbesuch, gibt Gutachten über Ehesachen; kämpft gegen abergläubische Praktiken, gegen Unzucht, Wucher, Hader und Zank; während die gröberen Vergehen gegen die Sittlichkeit oder gegen die öffentliche Ordnung nach Gewohnheit der Polizei anheim fallen, und in diesen ersten Jahren, ohne das Consistorium zu bemühen, vom Rat abgestraft werden. Die Sitzungen des Consistoriums sind am Donnerstag.²) Am Freitag findet die Congregation statt,³) die Versammlung aller Geistlichen von Stadt und Land. An sie schließt sich, was man anderwärts das Colloquium nennt: einer legt einen biblischen Text vor und erläutert ihn; es folgt eine Erörterung, an welcher die Laien, einheimische und fremde, teilnehmen können.

Calvin selbst ist überall tätig; er predigt, hält Vorlesungen, führt das Wort in Congregation und Consistorium, macht Gutachten, verfaßt die liturgischen Formeln und den Katechismus. Der Katechismus geht ihm stückweise unter den Händen weg in die Druckerei. Seiner Mühe entspricht der Erfolg: das Volk ist willig, der Kirchenbesuch befriedigend, die Haltung der Gemeinde ehrbar. Das neu erwachende kirchliche Leben äußert seine Wirkung in der Nachbarschaft, es kommen Zuhörer von dort in die Vorlesungen und in die Congregation.⁴)

Seine Hauptsorge in der ersten Zeit ist der Mangel an geistlicher Hülfe. Er wünscht: Viret soll bleiben und Farel dazu kommen. Aber Farel wird in Neuenburg zurückgehalten und Viret kann nur zeitweise Urlaub auf einige Wochen erhalten. Er war mit Erlaubniß seiner Obrigkeit in der Not des Jahres 1541 herüber gekommen, aber er darf seine Kirche in Lausanne nicht ganz im Stich lassen. Auf die dringenden Bitten der evangelischen Städte und Geistlichen hat ihn Bern dann noch für ein halbes Jahr geliehen, und Calvin hat die Amtsbrüder des Bezirks

---

1) Ratsprot. 1542 Jan. 10. Mai 15. 1543 März 19.
2) Ratsprot. 1545 Dec. 17. Ordonne que le temps dyvers le consistoyre soyt tenuz aut gran poyle de la maison de la ville situe sus la rue de devant, et en temps de estee soyt tenuz a S. Pierre la out lon tenoyt le chapitre.
3) Auf Antrag Calvins in die Chapelle du cardinal verlegt. Ratsprot. 1545 Juli 13.
4) Christoph Fabri an Farel. Thonon 1541 Nov. 24. Praelectionum ac colloquiorum fructum vel in circumvicinos uberrimum derivare videmus ac sentimus.

von Lausanne damals zur Nachsicht bewogen; aber im Juli 1542 muß Viret zurückgehen, alle Bitten sind vergeblich.[1]) Calvin fühlt diesen Verlust um so tiefer, je weniger er auf wirkliche Hülfe Seitens der übrigen Genfer Geistlichkeit rechnen kann. Es sind die beiden, die nach seiner Ansicht Verrat an der Sache der Kirche geübt haben, als sie bei der Verbannung Calvins und seiner Genossen sich der Obrigkeit gehorsam erwiesen: Henri de la Mare und Jaques Bernard. Ein dritter ist etwas später von einer Landpfarre herein in die Stadt gezogen worden, Aimé Champereaux, und wird von demselben Tadel getroffen. Sie teilen seinen Standpunkt nicht,[2]) und wenn sie auch nicht offen widersprechen, so haben sie doch noch während der Kirchenordnungs-Verhandlungen im stillen sich auf die Gegenseite gestellt. Noch weniger sind sie seines Eifers voll. Wo er sein Urteil ungehindert aussprechen kann, verwirft er sie in den stärksten Ausdrücken. Jaques Bernard, der vor Jahresfrist in einem unterwürfigen Brief vergeblich um Verzeihung und Versöhnung nachgesucht hatte,[3]) gab jetzt, sehr bald nach dem Eintritt Calvins, die Absicht kund, ihm aus dem Weg zu gehen und sich auf eine Landpfarre, nach Satigny, zurück zu ziehen: ein Entschluß, den Calvin mit Freuden begrüßte.[4]) Von da an beschränkt er in seinen vertrauten Mitteilungen

---

1) Ratsprot. 1542 Juli 8.

2) Sofort im Anfang seiner Tätigkeit klagt C über die Collegen, wie man aus Farels Antwort vom 8. November sieht. Non immerito times ne priveris Vireto, quem unum habes. Alii quicquid feceris, te centies rapere in invidiam adnituntur, et quicquid struere contenderis, manibus et pedibus dissipabunt, si vel tantillum succedit, ne surgat impediant. Christus Jesus Tibi adsit, nec patiatur in isto suo agro bovi coniungi asinum, quandoquidem istas copulas non probat Dominus, sicut nec varia semina quae vereor istic seri. — C an Farel 1541 Nov. 11. Plus satis verum esse experior quod scribis de iugo inaequali, sed tolero quod tolli non licet. Itaque si mihi Viretus auferatur, prorsus perii.

3) C erteilte auf den Brief Bernards vom 6. Februar eine mehr freimütige als freundliche, doch nicht abweisende Antwort am 1. März. An demselben Tag schreibt er an Farel: Literae mihi una cum tuis a Jacobo Bernardo venerunt, usque ad nauseam adulatoriae. Quoniam censeo nihil esse melius quam ut omnia nobis servemus integra in adventum nostrum, quod humanitatis erat respondi.

4) C an N. 1542 Ende Jan. Tertius etiam me aliqua parte molestiae iam levavit, quia petiit missionem quam non difficulter impetravit. — Ratsprot. 1541 Dec. 30. Bernard bietet seinen Rücktritt an. Annales Opp. XXI. — 1542 Apr. 7. Aultrement m° Calvin soyt remue et remys en la mayson quil tien m° Jaque Bernard, voyeant que led. Bernard a prier destre mys a Sategnyez. — Am 22. Juli wird angeordnet, daß nächsten Sonntag Bernard durch Calvin in Satigny der Gemeinde vorgestellt werden soll.

seinen Unwillen auf die beiden andern: de la Mare ist ihm ein verschmitzter, ganz aus Lug und Trug zusammengesetzter Mensch, Champereaux ein dreister Geselle, der von Rat und Mäßigung nichts hören will; beide sind voller Anmaßung und ohne Wissen, an ihre große Aufgabe denken sie nicht im Traum. Nun wäre es ihm freilich leicht gewesen, gleich im Anfang sich ihrer zu entledigen; aber er hatte nicht sofort einen Ersatz; auch fehlte ihm damals noch die Kirchenordnung, die eine gesetzliche Handhabe für solche Fälle bot, und er wollte sein Regiment nicht mit Gewaltmaßregeln einleiten, für die Zukunft zum verderblichen Beispiel. So entschloß er sich, zu dulden, zu schonen, Nachsicht zu üben, mit dem stillen Vorbehalt, bei Gelegenheit und wenn es ohne öffentliches Aergerniß geschehen könne, die Amtsbrüder, die ihm in tiefster Seele widerwärtig blieben, aus seiner Nähe fortzuschaffen.[1])

---

1) C an N. 1542 Ende Jan. Restabant adhuc duo qui mihi plurimum negotii facessent, nisi resipuerint. Alter feroci vel potius truculento ingenio. nullis sanis consiliis obtemperat. Alter autem vafer ac versipellis totus ex mendaciis et astu conflatus est. Ambo indocti juxta et superbi. Ad inscitiam accedit incuria et securitas, quia nunquam vel per somnium cogitarunt quid sit ecclesiae praeesse. — Poteram cum veni uno verbo, si libuisset, eos abigere, sed expendi quid ferret temporum conditio. — Hic nullus erat ad manum qui substitueretur, si quem curarem amovendum. Ita ecclesia manebat destituta, si quid tentassem. Tertium impedimentum inde erat, quod rationem disciplinae nondum habebamus constitutam, qua illos aggrederer. Nolebam autem violenta eiectionis specie malum exemplum edere, vel in hoc tempus, vel ad posteritatem. Hoc etiam aliqua ex parte me tenuit, quod periculum erat ne qui me cupidius hanc causam vindicandi potius animo quam recto zelo persequi suspicarentur. Quanquam hoc solum moram nullam attulisset, si caetera adfuissent. Ergo in animum induxi eos quoquo modo tolerare, quia tollendi facultas non erat. Nec me latebat quam duras in me leges reciperem. Neque enim satis est collegam aliquem habere, nisi cum eo pacem simul colas. Pacem vero constare mihi non posse succurrebat, nisi magna eam moderatione et tolerantia redimerem. An istuc, inquies, tam durum? Sane, ut me nosti, iudicare potes quam non mihi proclive sit. Facio tamen vim ingenio meo, ac mea moderatione illorum improbitatem sic teneo conclusam, ne palam erumpat. Nec ipsi diffitentur multo se humanius fuisse a me tractatos et hodie tractari, quam sperare ausi essent. — C an O. Myconius 1542 Mz. 14. Collegae alii impedimento nobis sunt magis quam subsidio. Multum arrogantiae et ferociae habent, nihil zeli, minimum doctrinae. Quod autem est pessimum, fidere illis nequeo, etiam si maxime velim: multis enim argumentis suam a nobis alienationem declarant, fidelitatis ac sinceri animi nullum fere indicium prae se ferunt. Tolero tamen eos, vel foveo potius summa lenitate, a qua me abduci eorum improbitate non patiar. Quod si tandem necessitas ipsa postulabit acrius remedium, dabo tamen operam, modisque omnibus effectum curabo, ne discordiis nostris turbetur ecclesia. Horreo enim factiones, quas ex ministrorum dissensione semper emergere necesse est. Potui eos, si

An Candidaten war kein Mangel. Fortwährend seit Jahren warf die religiöse Gährung aus dem Norden wie aus dem Süden der französischen Lande Mönche und Weltgeistliche und theologisch angeregte Laien über die Grenze und an die Stätten, wo Calvin und Farel und andre Landsleute an der Spitze welscher Gemeinden standen. Nicht wenige schlugen den Weg über Genf ein, boten sich hier an oder warteten an dem bequemen Ort auf ein Unterkommen im Berner Gebiet. Aber der innere Wert der Flüchtlinge war verschieden, die neue Freiheit entwickelte auch andre als religiöse Triebe, und es war eine peinliche Aufgabe, aus den Unbekannten die Brauchbaren und Zuverlässigen auszuscheiden, wo jeder Fehlgriff der jungen Pflanzung zum Verderben gereichen konnte. Nicht jeder war so leicht zu durchschauen, wie jener Carmelit, der im Frühling 1542 sich meldete, nachdem er durch seine Fastenpredigten zu Lyon den Beifall der dortigen Evangelischgesinnten gewonnen hatte. Auf Grund seiner bekannten Verdienste verlangte er Anstellung, und zwar unverweilt, da er im Fall der Ablehnung rasch nach Frankreich zurückkehren müsse, um dem Gerücht von seinem Besuch in der Ketzerstadt zuvor zu kommen. Man nahm ihn freundschaftlich und gastfrei auf, behielt sich aber eine etwas längere Weile vor zur Prüfung nach Maßgabe der Kirchenordnung, eine Frist, die ja auch, wie man ihm bemerkte, für ihn selbst notwendig sei, um die neuen Verhältnisse und die Pflichten, die er zu übernehmen habe, zu erwägen. Er ließ die Einrede nicht gelten. „Ich habe den Geist des Herrn so gut wie ihr ihn zu haben meint; ich weiß, was sich gebührt; die Apostel sind nicht einer von dem andern geprüft und genehmigt worden". Dann rächte er sich im Wirtshaus durch herabwürdigende Reden über die Genfer Kirchenhäupter und ihre gelehrte Bildung. Calvin aber schrieb an Farel: „Du wirst nach der Gelehrsamkeit unseres Censors fragen! Nun, du hast schon viele Esel gesehen: denke dir, du hättest einen von ihnen vor dir".[1]

---

voluissem, primo meo adventu abigere, atque id nunc quoque in manu nostra est. Sed me huius quam adhibui moderationis nunquam poenitebit, ne quis me nimis vehementem fuisse merito queratur.

1) C an Farel 1542 Mai 10. Noch ausführlicher in einem gleichzeitigen Schreiben an die Evangelischgesinnten zu Lyon.

Im Juli 1542 bei Virets Abgang wurden vier neue Predicanten angenommen: Philippe de Ecclesia, Pierre Blanchet, Mathieu Geneston, Louis Treppereau.[1]) Blanchet ist vor Ablauf eines Jahrs gestorben, im Dienst der Pestkranken ist er mutig in den Tod gegangen. Geneston gewann die Freundschaft Calvins, daneben Ansehen und Dank im Rat durch juristische Hülfe in den Processen der Stadt. Die beiden andern erwiesen sich als minderwertig. Als im April 1543 die Landpfarre Jussy frei wurde, ist Abel Poupin als Prediger berufen worden; aber man behielt ihn in der Stadt und schickte de la Mare hinaus nach Jussy, der sich wie Jaques Bernard diese Art von Verbannung gefallen ließ. Abel aber stellte sich als eifriger Gehülfe an Calvins Seite. Schließlich, als der Friede mit Bern im Frühling 1544 die Lande des Capitels und von S. Victor und die vierzehn Pfründen zur Verfügung stellte, mehrte sich die Zahl der Landpfarrer, indem man teils die von der Berner Regierung angestellten Geistlichen auf ihren Pfarren beließ, teils neue ansetzte. In die Stadt kam damals ein neu zugereister Franzose, Johan Ferron, der den Beifall Calvins gewann; während Treppereau und Philippe de Ecclesia den Platz räumen und aufs Land, der eine nach Celigny, der andre nach Vendovre gehen mußten.

Die Kirche erfreut sich einer großen Selbständigkeit. Bei der Anstellung der vier Prediger im Juli 1542 hielt man sich an die Kirchenordnung: die städtischen Predicanten haben geprüft und schlagen vor, der kleine Rat nimmt an, der große Rat genehmigt; in der allgemeinen Bürgerversammlung werden sie vorgestellt und leisten den Eid.[2]) Weiterhin wird der Vorgang einfacher: der Rat nimmt die Geistlichen an, die von der Congregation vorgeschlagen werden. Man erinnert wohl einmal an das Recht des Rats, und beschließt, daß einige der Herren bei dem Schluß der Prüfung gegenwärtig sein sollen; aber von einer wirklichen Einwirkung des Rats läßt sich dann doch nichts merken. Die Absetzung liegt von Rechtswegen in der Hand des Rats; aber als Nicolaus Vander,

---

1) Calvins Urteile über sie: C an Farel 1542 Juli 28. C an Viret 1542 Juli 28. C an Viret 1542 Aug. 19.
2) Ratsprot. 1542 Juli 10. 14. 16. s. Annales Opp. Calv. XXI 298. Anstatt Lechinesche ist dort larcheresche zu lesen.

Predicant zu Jussy, auf die wohlbegründeten Klagen der dortigen weltlichen Beamten abgedankt werden soll,[1]) im August 1542, läßt man es auf Calvins Vorstellungen bei einem Verweis bewenden. Der Reformator hat im Grunde nichts gegen die Entfernung des Manns, aber der formlose Schritt des Rats soll nicht zur Gewohnheit werden.[2]) Derselbe Vander wird im November von neuem zur Verantwortung gezogen, jetzt aber vor das Consistorium gewiesen, und erhält im April seinen Abschied.[3])

Das Consistorium berät unter dem Vorsitz eines Syndiks. Die Laienmitglieder werden jährlich nach Vorschrift durch kleinen und großen Rat gewählt, und die vorgeschriebene Besprechung mit den Predicanten über diese Wahlen hat nicht immer statt.[4]) Aber die tatsächliche Leitung der Behörde ist Sache des Kirchenhaupts. Von einer Opposition, ja nur

---

1) Schon früher einmal, im Oct. 1541, wird seine Abdankung verfügt. Ratsprot. Oct. 4. Le predicant de Jussiez m° Nicolas Wander. Lequelt ne exerce pas bien son office et az longtemps quil nast presche az Vendovre, surquoy resoluz que lon le doybge envoye querre avecque vendredy prochnien et quil soyt dejecte. — 1542 Aug. 14. M° Nycolas Vander predicant a Jussiez. Lequelt ne fayct ce que ung bon ministre doibt fere, mes ce mesle de plusieurs choses non competantes a ung predicant. toutesfoys a la requeste de m° Calvin resoluz que pour ceste foys luy soyent fayct bonnes remonstrances de exercer mieulx son office, synon lon advisera dy pourvoystre dung aultre. Et dempuys a este advise de prendre informations des choses par luy faictes. — Aug. 15.

2) C an Viret 1542 Aug. 19.

3) Ratsprot. 1542 Nov. 27. M° Nycolas Wandert predicant de Jussiez. Pour ce quil ne fayct son debvoyer en son ministere, ordonne quil soyt destituy et ung aultre mys en son lieu et que lon confronte avecque les predicans a cause quil ne vecst poient visite les malades et ne fayct les aultres choses necessayres. — Dec. 5. M° Nycolas Wander. Sur ce que estoyt ordonne de le demeestre de son office, pour ce quil nalloy visiter les malades, ordonne que tous les plaintifs contre luy fayct soyent mys appart et sur icyeulx lon le fasse responde au consistoyre. — 1543 Apr. 16. Conge de m° Nycolas Wander predicant de Jussiez. Lequelt a sa humble requeste luy ha este donne conge de ce retyrer ainsy que bon le semblera.

4) Ratsprot. 1546 Febr. 10. Mr Calvin a prier que suyvant les ordonnances du consistoyre lon aye a proceder sus lelection des s^{ra} conseilliers qui doybvent assistyr et qui soyent presentes aux Deux Cens, et que le rolle de cieulx de lannee passee soyt liseu, affin que lon soyt advertyr, lesqueulx rendent leur debvoyer et esquieulx il fauldra oster ou laysser. Ordonne que les esdits soyent visites, affin dy proceder ainsin quest contenu en iceulx. — Febr. 12. Audicteurs du consistoyre. Ayans vheu et entendu le contenuz des ordonnances dud. consistoyre a este ordonne que quant ce viendra a fere lelection desd. audicteurs, que lon en doibge communique avecque les ministres pour entendre, lesqueulx sont les plus propres et rendent mieulx leur debvoyer, et estant acceptes par les Deux Cens doybgent fere le seyrement jouxte la teneur qua este lisue comprinse esd. ordonnances.

von einer abweichenden Meinung ist keine Rede. Jahr für Jahr werden ungefähr dieselben Mitglieder wiedergewählt. Keine Klage wird laut, höchstens die Aufforderung, den Sitzungen fleißiger beizuwohnen.[1] Die Predicanten beantragen, der Rat genehmigt die Abendmalsfeier jedesmal an den vier vorgeschriebenen Zeitpunkten. Bestimmte Herren dienen bei derselben in jeder der drei Kirchen. Die Obrigkeit erscheint regelmäßig bei dem Gottesdienst und straft die Bürger, die ihn versäumen.[2] Sie erzwingt den Gehorsam gegen das Consistorium.[3] Sie unterdrückt die Anhänglichkeit an den alten Glauben, wo sie in der Stadt sich noch zeigt. Auf dem Land wird der ziemlich allgemeine Widerwille gegen das Joch des neuen Evangeliums in Schranken gehalten, durch eigens aufgestellte Wächter der Kirchenbesuch beaufsichtigt.[4] Die notwendigen Verhandlungen mit Bern und seinen Vögten[5] über die Aus-

---

[1] Consist.-Prot. 1542 Apr. Aussi de aviser de ceulx du consistoyre que ne se trouvent les jeudi au consistoyre, quon advise dy mectre ordre. — Ratsprot. 1546 Febr. 15. Ayans heu conference avecque les ministres sus telle election et estant liseu ceulx que en conseyl ordinayre sont estes establys, iceulx audicteurs derechier hont estes troves suffizans, et a este ordonne qui soyent presentes aux Deux Cens, et sur ce lesd. ministres hont prier de volloyer comander esd. audicteurs, qui ayent a fere bonne assistance aud. consistoyre.

[2] Ratsprot. 1544 Oct. 7. Roy des aquebutiers. lequelt a prier leur pardonner de ce que dymenche prochaine passe il ne fure aut sermon de soyer, pour ce quil estien occupe a trover lieu pour fere le jeu daquebute. Ordonne que pour ceste foys leur soyt pardonne la poienne incorue. Et davantage ordonne que tous joieulx doybgent cesser cependant que lon sera aut sermon les dymenches et que ungchascun il doybge alle sus poienne destre gage.

[3] Ratsprot. 1541 Dec. 23. Annales Opp. XXI.

[4] Ratsprot. 1544 Oct. 3. Ordonne que les chatellaens S. Victeur et Chapitre doybgent meestre gardes pour donne garde de cieulx que ne vont aut sermon. — Oct. 20. Ordonne que les chatelaens de la ville, tan de Pigney Jussiez S. Victeur Chappitre Gento et Cellignyez, soyent appelles et leur soyt fayct comandement de mecstre gardes pour fere alle aut sermon, et que les bamps et poiennes incorues soyent appliques aux povres, reserve le quart que sera applique aux gardes. — Nov. 18. Dieselben Castellane ayent a fere comandement aux subjects daller aut sermon. — Dec. 15. Der Predicant von Cologny klagt, daß die Leute nicht zur Predigt kommen: sie werden sämmtlich vor den Rat berufen. — Dec. 19. Les subjects de la ville de Chesne, Sacconex le petit, Champel et aultres. Et quant esd. subjects que nont cure de alle aut sermon, ordonne que led. s^r Calvin ou ung aultre ministre doybgent alle sus le lieu pour les admonester de venyr aut sermon, et soyent en compagnye dung officier. — 1545 Oct. 5. — Nov. 30. — 1546 Mz. 8.

[5] Ratsprot. 1544 Mz. 18. Apr. 14. 15. — Bern Ratsprot. Sept. 13. s. Annales p. 343.

führung der einzelnen Bestimmungen des Friedens und andre einschlägige Punkte verzögern den Abschluß der Ordonnanzen für die Landpfarren;[1]) erst später wird eine regelmäßige Visitation eingeführt.

Nur ein Mißstand erregt Anstoß: das Geld fließt nicht nach Wunsch für die kirchlichen Bedürfnisse; Calvin allein hat ein ausreichendes oder mehr als ausreichendes Gehalt: fünfhundert Gulden, ein Haus, an Wein und Korn ein starkes Einkommen. Die übrigen Geistlichen sind mäßig, zum Teil karg bezahlt. Bei der Anstellung der vier Predicanten im Juli 1542[2]) unterscheidet man gemäß der Kirchenordnung Minister und Helfer, und gibt den beiden ersteren 240 Gulden, den andern weniger. Dr. Geneston, der als Jurist in Anspruch genommen wird, bekommt 200; Treppereau, der unbeweibt ist, sogar nur 140.[3]) Weiterhin hört man nichts mehr von Helfern, die Prediger sind in ihren Obliegenheiten einander gleich gestellt, und allmählich führt sich der Gebrauch ein, daß die Stadtpredicanten 240 bekommen, die auf dem Land weniger. Immer wieder gelangt die Klage über die Not des Lebens und die Bitte um Erhöhung des Gehalts an den Rat. Manchmal weist er ab, oft reicht er kleine Geldbeträge an einzelne oder insgemein.[4]) Seltener an die Pfarrer auf dem Land;[5]) dort muß zuweilen ein Garten oder ein Stück Feld genügen.[6]) Es kostet Mühe und manche Verhandlung im Rat, um

---

1) Die Verteilung und Zusammenlegung der Landpfarren 1544 Mz. 21. Apr. 8. Regime des eglises Mai 12. 13. 16. 30. Vereinbarung mit Bern über gemischte Verwaltung der Landkirchen 1545 Mz. 25. — Division des eglises Aug. 17.
2) Ratsprot. 1542 Juli 21.
3) Ratsprot. Juli 22.
4) Ratsprot. 1544 Jan. 14. Predicans. lesqueulx hont expose avoyer necessite entre eulx, priant les avoyer pour recomande, et sur ce ordonne, que il leur soyt donne assavoyer a m^e Champereaulx, de Geneston, Abel, Treppereaulx et de Eglesia douze escus soley, lesqueulx se partiront entre eulx, et cest pour ceste foys. — Aug. 14. — In der Zeit der Teuerung wird Korn verteilt. Ratsprot. 1543 Apr. 16.
5) Ratsprot. 1544 Oct. 6. Sur ce que m^r Calvin a refferu que m^e Loys predicant a Cillignyez est en necessite, ordonne de luy faire une parcelle de dix fl. — Nov. 4. 20. 21. — 1545 Jan. 2. s. Annales p. 346.
6) Ratsprot. 1545 Febr. 19. Juli 7. — Mehr soll geschehen 1546 Aug. 17. Ausy (Calvin) a prier mestre fin a laugmentation questoyt establye de fere aux ministres des villages. Ordonne que en possessions leur soyt ballie de augmentacion a ving florins pour annee pour chacun ministre etc. — 1547 Febr. 24. Ordonne que les s^rs a cella comys doybgent mestre fin sus laugmentation des ministres.

die zwei Sols Präsenzgeld für die Beisitzer des Consistoriums sicher zu stellen.¹) Calvin bittet für die Amtsbrüder, für sich weist er die bisweilen angebotenen Geschenke zurück.²) Dagegen unterläßt er von Anfang nicht, dem Rat ernste Vorstellungen zu machen, ihn an seine Verantwortlichkeit vor Gott zu erinnern,³) das Kirchengut für die Kirche zu fordern; er scheut sich auch nicht, den heiklen Punkt auf der Kanzel zu erörtern. Die maßgebenden Männer bekennen, daß er Recht hat, aber sie können nicht eingreifen oder wagen es nicht, und lassen die Dinge bleiben wie sie sind. Auch er geht nicht weiter. Zufrieden, seiner Pflicht gemäß gesprochen zu haben, beruhigt er sich mit dem Hinblick auf den hl. Ambrosius, der für die Lehre und das Amt bereit war, sein Leben einzusetzen, die Ländereien der Kirche aber dem Kaiser überließ, wenn er sie haben wolle.⁴)

Zu der sparsamen Behandlung der eignen Kirche steht in auffälligem Gegensatz der Eifer, mit welchem Genf sich bei Gelegenheit

---

1) Ratsprot. 1541 Dec. 12. Assistans aut consistoyre. Sur ce quil hont fayet exposer voyer quelt gage il doybge havoyer pour leur poienne de leur assistance, resoluz que il soyent fayctes ordonnances sus les poiennes des delinquans et icelles soyent recovres par le tressorier et mises dans une boyte et dudit argent soyent poye az ung chascun dicieulx 2 sols pour jour quil assistent, et oultre ce le secretayre ce fasse poye des escriptures. — 1543 Oct. 8.
2) C an Farel 1546 Jan. 21. In einer Ratsitzung im Streit mit dem Wiedertäufer Belot: Postea me avarum vocavit. Riserunt omnes, sciebant enim quantum hoc anno ab ipsis recusassem, atque id tam serio ut iureiurando assererem, me nunquam concionem habiturum nisi desisterent. Sciebant me non tantum extraordinariam munificentiam recusasse, sed remisisse etiam aliquid de iusto stipendio, nec minus viginti coronatis. — Ratsprot. 1546 Jan. 25. Mz. 4. 8. s. Annales p. 368. 371. 373.
3) C an Viret 1542 Juli 28. Cum viderem difficiliores in hac re, acriter aurem illis vellicavi de administratione bonorum ecclesiasticorum; in tempore cogitandum illis esse, qualiter Deo et hominibus rationem reddituri forent; Papam fuisse furem et sacrilegum, videndum ne simus successores.
4) C an Farel 1545 Oct. 13. Ego vero non cesso palam in concionibus; quoties opportunitas ita tulit, contestor Deum et homines, grave nobis imminere iudicium. In senatu idem aliquoties egi; neque tamen hoc modo mihi defunctus videor, dum nihil me profecisse video. Verum sequor Ambrosium, qui doctrinam et locum pastoris sibi retinens, ita ut pro illis vindicandis paratus esset vitam opponere, agros tyrannidi imperatoris Valentiniani sinebat. — C an Farel 1545 Ende Oct. De bonis ecclesiae in verum usum hic restituendis ego despero. Concedunt quidem satis liberaliter, sed nihil efficitur. Jam saepius frustra magnos labores exhausi. Dico, denuncio. Hoc tantum consequor, ne videar silentio approbare.

ohne Rücksicht auf die Kosten in die Reihe der evangelischen Städte stellt. Als Farels Bemühen, in Metz den Evangelischen Raum zu verschaffen, ihm Gefahr und Ungemach eintrug, erkundigte sich der Rat von Genf nach seinem Schicksal[1]) und bot Hülfe. Dann war er, als der alte Gegner Caroli zur Disputation in Metz herausforderte, auf die erste Anregung willig, Calvin neben Farel zu dieser Disputation zu stellen, trat zu diesem Zweck in Verbindung mit Bern, Basel, Straßburg und Metz, gab dem Predicanten einen Herold auf die Reise mit, wollte auch einen Ratsherrn mit nach Metz schicken, wenn Bern das gleiche tue, und wartete geduldig den Mißerfolg der Verhandlung und die Rückkehr Calvins ab.[2]) Farel war damals des Dankes voll für den frommen, den ehrwürdigen Senat von Genf. Später, im Mai 1545, als die Nachricht von der greulichen Verfolgung in der Provence kam, wäre es vielleicht angemessener und ersprießlicher gewesen, Briefe zu schicken und im Handeln Bern und Zürich den Vortritt zu lassen, und das war auch wol anfangs die Meinung der Geistlichen;[3]) doch der Rat beschloß, Calvin an die Evangelischen in der Schweiz und nach Straßburg zu schicken und dieselben zu einer Gesandtschaft an den König von Frankreich aufzufordern.[4]) Der Tag zu Arau ließ es aber bei einer schriftlichen Vorstellung an den König bewenden.[5])

Eine Wolke.

Calvin schrieb im Februar 1543 an Melanchthon: „Ich arbeite mich hier gewaltig ab und bringe nicht gerade viel zu Stande, und doch

---

1) Ratsprot. 1543 Apr. 16. 25. s. Annales p. 310. 311. — Der Rat von Genf an Farel 1543 Apr. 24.
2) Ratsprot. 1543 Juni 16. 18. — Der Rat von Genf an den Rat von Basel 1543 Juni 18. — Viret an den Rat von Genf Juni 27. oder 28. — C an den Rat von Genf. Straßb. Juli 1. — Ratsprot. Juli 7. 11. — Der Rat von Genf an Calvin Juli 11. — C an den Rat von Genf Juli 24. Aug. 13. — Ratsprot. Juli 31. Aug. 22. — Der Rat von Straßburg an den Rat von Genf Aug. 16.
3) C an Farel 1545 Mai 4. Re audita fratribus primo visum fuerat, ut hominem ad te mitteremus cum meis literis, quae causam omnium ecclesiarum ministris commendarent. Deinde petiimus a senatu consilium, quia inter nos minus certe constaret quidnam factu esset opus. Senatui placuit ut ipse ad Helveticas ecclesias concederem.
4) Ratsprot. 1545 Mai 4. 8. 14. 16. s. Annales p. 352.
5) Die Eidgenössischen Abschiede Bd. 4 p. 479 ff.

wundern sich alle über das, was ich zu Stande bringe bei all den Hindernissen, die großenteils von den Geistlichen herrühren. Aber die Mühe wird mir leicht, wenn ich sehe, daß nicht bloß diese Kirche, sondern die ganze Nachbarschaft von meiner Anwesenheit Gewinn zieht. Auch nach Frankreich und nach Italien erstreckt sich die Wirkung". Und am Schluß des Briefs: „Wir haben hier Bernardin von Siena, einen ganz ausgezeichneten Mann, dessen Weggang Italien in große Aufregung gebracht hat. Er läßt dich grüßen".[1]) Seit 1542 wichen viele Italiener vor der päpstlichen Verfolgung nach der Schweiz, die meisten nach Genf, unter ihnen Bernardino Ochino,[2]) das Haupt des Kapuzinerordens, der berühmte Kanzelredner, den die meisten großen Städte Italiens von Angesicht kannten, von dessen Ruf das ganze Land voll war, den Vornehm und Gering als einen Heiligen verehrten. Alsbald schloß eine Schaar von Landsleuten sich dem neuen Prediger an, und bereitwillig räumte der Rat ihm einen Platz zum Gottesdienst ein.[3]) Ochino seinerseits war entzückt über alles, was er hier sah, und sprach in seinen Schriften das unbedingte Lob Genfs und seiner Kirche aus.[4])

Es waren Augenblicke stolzer Freude für Calvin, wenn er Ochino in Genf begrüßen durfte, oder wenn Clement Marot,[5]) der gefeierte Dichter, ihm ankündigte, daß er fortan Genf als sein Asyl ansehen

---

1) C an Melanchthon 1543 Febr. 16. Laboro hic et fatigor mirum in modum, proficio mediocriter. Et tamen mirantur omnes me tantum proficere inter tot impedimenta, quorum magna pars est ab ipsis ministris. Haec tamen mihi magna est laborum levatio, quod non tantum haec ecclesia, sed tota quoque vicinitas fructum aliquem sentit meae praesentiae. Adde quod nonnihil in Galliam usque et in Italiam redundat. — Habemus hic Bernardinum Senensem, magnum et praeclarum virum, qui suo discessu non parum Italiam commovit.
2) Zuerst erwähnt von C an Viret 1542 Oct. 5.? Habemus hic quoque alterum Italum, hominem senem et ipso adspectu reverendum. Fuit apud suos magnae autoritatis. — Dann wieder C an Viret 1542 Oct. Quo penitius hominem considero, eo pluris facio. — C an Farel 1542 Dec. 15. Bernardinus noster Senensis inter alios te salutat, vir magnus omnibus modis. — C an die Genfer Geistlichen. Straßb. 1543 Juli 1. Adhibeatur etiam ad istarum lectionem Dominus Bernardinus, cui plurimam salutem meo et Pirrhi nomine dicetis.
3) Ratsprot. 1542 Oct. 23. s. Annales Opp. Calv. XXI 304. — 1543 Jan. 16. wird ihm ein Haus eingeräumt; Febr. 9. Wein geschenkt und ein anderes Haus angewiesen; Mz. 26. die letztere Anordnung wiederholt.
4) Benrath, Bernardino Ochino von Siena. 2. Aufl. p. 139.
5) Douen, Clément Marot et le psautier huguenot. I 388 ff.

wolle.¹) Aber zufrieden war er darum nicht mit seinem Werk. Freilich, die begeisterte Schilderung, die Ochino von dem sittlichen Zustand der Stadt entwarf, stimmte weder damals noch in den folgenden Jahren mit der Wirklichkeit überein. Doch unleugbar war das Gedeihen der Kirche, und die Kirche verdankte dieß nicht zu geringem Teil der Obrigkeit, die dem Reformator zur Seite stand, ihm stets zu Willen war. Aber auch mit der Obrigkeit war er im Herzen unzufrieden.

Im Anfang seiner Wirksamkeit, als er die Haltung Genfs in seiner Art mit mäßigem Lob anerkannte, fügte er hinzu: „aber es sitzt noch viel Schlimmes in Kopf und Herz, und wenn man nicht allmählich für Heilung sorgt, fürchte ich, wird es zuletzt in dem ärgsten Geschwür zu Tage treten".²) Die Jahre vergiengen, und er hatte fortwährend, wie er sich ausdrückt, mit der Heuchelei im dunkeln zu kämpfen. Er sagt das in einem Brief an Viret im Februar 1545, in welchem er über die Ergebnisse der neuen Wahlen berichtet, die erwählten Syndike nennt, den Eintritt vier neuer Herren in den Rat erwähnt. Er fügt hinzu: „sie geben die besten Versicherungen, ich weiß nicht, was ich hoffen soll; Christus ist ihr Vorwand, aber sie wollen ohne Christus regieren".³)

Ihrerseits aber waren auch die Herren vom Rat nicht ganz mit ihrem Pfarrer zufrieden, und hatten dazu vielleicht noch besseren Grund

---

1) C an Viret 1542 Anf. Dec. Marotium cum viderо, salutabo tuis verbis. Haec causa adventus, quod cum ex aula domum se conferret, audierit decretum fuisse a curia Parisiensi, ut captus illuc quam primum adduceretur. Flexit iter alio, ut diligentius inquireret. Re bene comperta huc recta concessit. Nunc penitus habere in animo se dicit hic manere.

2) C an Farel 1541 Nov. 11. Plebem habemus utcunque obsequentem. Conciones saltem frequentantur diligenter, mores satis sunt compositi, sed multum adhuc vitii et in capite et corde: quod nisi curetur sensim, vereor ne in pessimum ulcus demum erumpat.

3) C an Viret 1545 Febr. 12. Et certe abunde nostra cogitando discrucior. Mihi enim cum hypocrisi in tenebris pro more luctandum est. Amblardus Corneus quo se abdicaret quaestura, senatum expergefecit. Protulit enim ad plebem quae in adytis curiae hactenus latuerant. Quia suspicantur non sine mea conscientia id fuisse factum, tametsi palam non audent succensere ac ne ullum quidem dare signum indignationis, video tamen quam male affecti sunt. Et iam decem fere concionibus statum urbis interiorem ventilavi. Quid tamen in hunc labyrinthum ingredior? Venias ergo ut inspicias ea quae audiendo cognoscere non potes. Syndici creati sunt Amedacus Curtetus, Amedacus Perrinus, Dominicus Arlot, Jacobus Tononiensis. In senatum allecti Ludovicus Bernardus, Petrus Verna et duo alii. Ipsi de se optima sperari volunt. Nescio quid sperare debeam. Nam sub Christi praetextu regnare sine Christo volunt.

als er. An und für sich lag in der Stellung, die der Reformator in der Verhandlung mit Bern erlangt hatte, etwas außerordentliches und unregelmäßiges, und man konnte es den Herren nicht verdenken, wenn sie bei dem ruhiger gewordenen Gang der Dinge in das Geleise des Herkommens zurück zu gelangen trachteten. Calvin war darüber empfindlich. „Es tut mir leid", antwortete ihm Viret im Januar 1545, „daß man dich nicht so häufig und vertraulich zu Rat zieht".[1]) Anstatt nun aber um so genauer sich hinter den Schranken seines Amtes zu halten und abzuwarten, bis man seiner wieder bedürfe, hat er gleich darauf in einem Fall, wo ein städtisches Uebel Besserung erheischte, ohne Zweifel in guter Absicht, aber mit Verkennung seiner Stellung, auf eigne Hand unternommen, den Weg zur Besserung zu weisen und darauf hin zu drängen.

Bei Gelegenheit des Aemterwechsels im Februar 1545 legte Amblard Corna das Amt des Schatzmeisters nieder, das er ein Jahr verwaltet hatte[2]) und verfassungsgemäß noch zwei Jahre weiter hätte verwalten müssen, und rechtfertigte den ungewöhnlichen Schritt in einer noch ungewöhnlicheren Weise, indem er den Zweihundert und sogar der Gemeinheit eine Schilderung der Unordnung in der Finanzverwaltung der Stadt vortrug.[3]) Hier werden folgende Sätze ausgeführt. „Man hält sich nicht an die Edikte. Ordonnanzen werden gegeben und nicht befolgt. Die Gesandten legen nicht Rechnung ab über die erhaltenen Vorschüsse. Ehe sie die alten Geldanweisungen erledigt haben, lassen sie sich neue geben. Ueber Pächte und Mieten von Staatsgut wird versäumt, Urkunde auszustellen. Der Schatzmeister bemüht sich vergeblich, den schuldigen Zins einzutreiben. Die Rechnungsherren sind nicht zur Stelle, dem Schatzmeister seine Rechnungen abzunehmen. In der Hospitalverwaltung ist vorgekommen, daß Getreide wolfeil verkauft und teuer wieder eingekauft wurde. Es werden unnötige Besoldungen bezalt und andre überflüssige Ausgaben gemacht, daher im vorigen Jahr, während die Einnahmen gegen 22000 Gulden betrugen, die Ausgaben auf beinahe

---

1) Mihi dolet quod vestri non utuntur familiarius et frequentius tuis consiliis.
2) Er hatte schon im vorigen Jahr sich anfangs geweigert, das Amt zu übernehmen. Ratsprot. 1544 Febr. 4.
3) Ratsprot. 1545 Febr. 2. 6. 8.

30 000 Gulden gestiegen sind". Corna will sein Amt nicht weiter führen, ehe Ordnung hergestellt ist; später, erklärt er, wolle er es gern auf zwei, ja auf drei Jahre wieder übernehmen, auch ohne Besoldung.[1])

---

1) Ratsprot. 1545 Febr. 8. Le tressorier Corne. lequelt s^r tressorier Amblard Corne a presente une supplication contenant en soubstance, que le bien du publicq estoyt mal en ordre et mal regyr. Item que les messagiers et ambassadeurs, que lon envoye, ne rendent poient de compte, si bon ne leur semble. Or en ce faisant cieulx, esqueulx lon doybd de reste, demandent ce que leur est dheu; sil y a de superfluz, on ne voyt rien. Secondement que les admodions sont confuses et de ce quast este expedie de longtemps il ne sen fayct poient de instrument et na on poient de fiance. Item que le semblable ce faict aux ven^{ons} et abbergemens. Item que les biens vacquans perisse de jour en jour par faulte quil ny a poient certainne provision pour les reduyre aut prouffit du publicq. Item quant illest question de retire argent des admodieurs, non seulement on acquite beaucopt de males graces, mes ausy lon a force injures et rages. Et finalement aut lieu de solucion lon a des mandemens. Item oultre les grans charges et reparacions et de la cense a Basle, que la ville est chargee de beaucopt de gaiges non necessaires et daultres despences superflues. Item que par faulte de provision il est despendu ceste annee gran argent extraordinayre a lhospital. Item que les esdict ne ce observent poient et les ordonnances ne ce mecstent poient en exequcion. Item que ce despent argent pour les audicteurs des comptes et ne scayt on que prouffit il en revient ne de quoy tout cella sert, et mesmes quil ny a poient ung certaien ordinage (?) pour sy trouver aut jour estably, et ausy rien ne si depesche. Item que les comptes des admodieurs ne sont poient aoys, ny ausy cieulx des tressoriers, tellement que celluy, que ce sera bien porter en son office, ne sera jamex efface du papier, mes demorera tout jour embrollie, et appres luy ses enfan; au contrayre celluy, quil aura argent du publicq entre maiens, en pourra fere son prouffit; coment plus amplement est contenuz en lad. supplication; requerant a la forme dicelle pourvoystre dung aultre tressorier en son lieu, et estant lordre mys il ce paraoffre de servyr la ville de tout son povoyer. Et daventage a diest quil estoyt necessayre de commecstre gens pour reduyre les afferes de la ville en quelque bon ordre, et ce fayct et lordre mys il ce paraoffre servyr la ville non seulement deux ans mes troys, et quil veult de sa puyssance observe les esdicts, et, si fayct mestier, il ce paraoffre de servyr la ville pour rien et sen (sans) poient de gage.

Surquoy le s^r lieutenant de la Rive, coment ayans este par cy devant des audicteurs des comptes, a replique que led. tressorier ne cest poient presente en la chambre des comptes, cart si fust venuz, ces comptes fussent estes aoys. Led. s^r tressorier Corne a respondu, quil en a parle par plusieurs foys en conseyl, requerant estre aoys en cesd. comptes. Daventage led. Corne a expose que les ambassadeurs, que lon envoye dehors pour les afferes de la ville, ne rendent nul compte, mes aut lieu de ce ce font fere aultres mandemens et a tous propos.

Les s^{rs} procureurs de lhospital Coquet, Johan Chautemps, Loys du Four et Michiel Varro, hont remonstrer, coment fidellement et de toute leur puyssance il hont servyr et rendu leur debvoyer aux afferes du gran hospital, sans jamex avoyer heu nul gages. requerant en eslyre daultres en leur lieu, et il sont prest a rendre bon compte de leur gouvernement. Et sur ce led. tressorier Corne a derechier replique sus le gouvernement dud. hospital. cest que les procureurs dicelluy hont vendu le ble a bon prys et en appres

Diese Auftritte führten zu langwierigen Verhandlungen im kleinen und großen Rat. Man wollte den Schatzmeister zur Fortführung seines Amtes anhalten; er solle zur Beseitigung der Unordnung mithelfen. Als er seine Weigerung immer wiederholte, wurde er in Haft genommen ein Ausschuß aus dem großen Rat ernannt, um in Gemeinschaft mit den neuen Rechnungsherren seine Rechnungen zu prüfen und die von ihm erhobenen Beschwerden zu untersuchen; er sollte Bürgschaft stellen bis zum Austrag der Sache, dann wegen Amtsweigerung dem Edikt gemäß auf Jahr und Tag die Stadt verlassen und eine große Strafsumme zalen. Wie sich aus den stattgefundenen Erörterungen ergibt, erschien eine Reihe Beamte des Jahrs 1544, als Rechnungsherren Girardin de la Rive und andre, als Procurator des Hospitals Johan Chautemps, als Gesandter in Frankreich Curteti, aber auch die Syndike Gerbel, Tissot, Morel wegen voreiliger und unbedachter Ausfertigung von Schatzanweisungen angeschuldigt.[1]

In dem angeführten Brief an Viret vom Februar 1545 erwähnt Calvin dieß Ereigniß mit folgenden Worten. „Um sich des Schatzmeisteramtes zu entledigen, hat Amblard Corna den Rat aufgerüttelt. Er hat nämlich die Geheimnisse des Stadthauses vor die Gemeinheit gebracht. Weil sie vermuten, daß dieß nicht ohne mein Mitwissen geschehen sei, wagen sie zwar nicht mit ihrem Zorn gegen mich an den Tag zu treten, ja nur etwas merken zu lassen von ihrer Erbitterung, aber ich sehe doch, in welch übler Stimmung sie sich befinden. Ich bin schon wol zehnmal in der Predigt auf den innern Zustand der Stadt zu sprechen ge-

---

la ville en a achete bien chier pour sodier a leur hospital, et que cella nestoyt pas bien gouverner. A quoy les procureurs dud. hospital hont respondu qui nen estoyt rien et quil ne le pourroyt maienteuyr, et sur ce a nomme que cestoyt le s^r Johan Chautemps, lequelt ausy luy a respondu le contrayre.

Oultre plus led. tressorier a expose que le revenu de la ville ne monte en argent synon envyron vingt et deux mille florin, et ceste annee lon a fayet des mandemens et a debourse envyron trente mille florin pour une annee, et que tan seulement pour les afferes de Thiez il a bien deborser sept cens escus, et a remonstrer que lon doybd beaucopt dargent a Basle et que lon il aye advis.

Sur lesquelles choses a este ordonne et resolu, que lon doybge meestre bon ordre aux afferes de la ville, et que led. tressorier Corne doybge paracheve son temps en sond. office, et que jecelluy doybge excerceyr et ce ayder a meestre bone police et bon regime sus le gouvernement du bien du publicq.

[1] Ratsprot. 1545 Febr. 9. 10. 11. 12. 13. 16. 19. 23. 27. Mz. 3. 6. Apr. 24. Mai 26.

kommen". In der Tat scheute sich der Rat, einen Tadel gegen ihn auszusprechen oder gar ihn zur Rede zu stellen. Nur einer der Herren erlaubte sich nach einiger Zeit Glossen über Cornas Auflehnung und, wie die Hörer es auffassten, über Calvins Verhältniß zu dem Ereigniß zu machen. Es war Claude Roset, der auf einen ähnlichen Vorgang in der römischen Geschichte hinwies und zum Beleg den Livius in die Ratsversammlung mitbrachte. Calvin erfuhr dieß von seinen Zuträgern, und außerdem, daß Roset dem Pfarrer Herrschgelüste zugeschrieben und den Rat getadelt habe, daß er sich von Geistlichen beraten lasse. Er geriet darüber in so heftige Aufregung, daß er sich die Teilnahme am österlichen Abendmal versagte. Am folgenden Tag trat er vor den Rat und verklagte den Gegner in erregtem Vortrag. Die Sache ist nicht klar; wir wissen nicht, welche Stelle des Livius gemeint war, und kennen Inhalt und Ton der Predigten nicht; auch ist durch Ableugnungen von beiden Seiten der Tatbestand verdunkelt worden. Der Rat beauftragte die Syndike mit einer Untersuchung, und nach zehn Tagen gab er den beiden Männern auf, ihre Zwistigkeiten abzustellen.[1])

---

1) Ratsprot. 1545 Apr. 6. s. Annales p. 350. Mr Calvin cest lamente de ce qui a entendu que le s^r procureur Roset avoit apporte Titus Livius que recite des istoires romaiennes en conseyl, lequelt estoyt addressant tant sus luy que sus le s^r Corne, disant qui volloyt applaudyr a ung chascun et qui cherchoyt de dominer et qui estient troys, assavoyer led. Calvin, m^e de Sault et m^e de Geneston, que conseillent M^{rs} et qui nestient que bestes, produysant pour tesmoiengs m^e Champereaulx et Megret. Et led. Roset nye lad. proposite, resserve que une foys il apporta bien led. livre et ce addressoyt sus le s^r Corne et que jamex ne parle de Mr Calvin. Ordonne que les s^{rs} quattre sindicques se doybge enqueryr de la verite du cas. — Apr. 16. — Aus dem Zeugniß des Benoit Texier gegen Henri de la Mare vom 11. März 1546, welches in den Akten des Processes de la Mare nicht mehr vorhanden ist, hat J. A. Galiffe, Notices généalogiques III 525 folgende Aussage de la Mares entnommen: Il a eu naguère une si grande noise et inimitie avec un des principaux de la ville, que Messieurs furent contraints de sen mêler. Ils furent bien empêchés et eurent fort à faire à le faire reconcilier avec l'autre. La haine a été si grande, qu'il ne prit pas la cène, de quoi a été gros bruit, et estime que ce fut la cause des propos que le dit Pierre Ameaux a tenus. — Ferner erwähnt J. B. G. Galiffe, Procès de Pierre Ameaux, p. 38, eine Aussage des Predicanten Pierre de la Cluse zu Moyn, die derselbe im Geheimen Rat einige Wochen nach der Sitzung, in welcher Corna seine Supplication vorgelegt, gemacht habe. Dieser habe ausgesagt, er habe von seinem Collegen Aimé Megret erfahren, daß Calvin jene Supplication dem Predicanten des Gallars dictiert habe, und daß seine Absicht gewesen, damit Unruhen in der Stadt zu erwecken, um dieselben demnach beizulegen und alles seiner Herrschaft zu unterwerfen, gleichwie es ein Mann des alten Rom gemacht habe. Dann, fügt Galiffe

Die Aufregung über Cornas Tat legte sich bald. Im großen Rat wurde seine Ordnungstrafe auf 25 Thaler ermäßigt, und an die Stelle der Verbannung das Gebot, in Jahr und Tag die Stadt nicht zu verlassen, gesetzt. Die angeordnete Untersuchung brachte nichts Straffälliges zum Vorschein, und die Sache schlief ein, bis der Aemterwechsel des folgenden Jahrs die Erinnerung weckte und den Abschluß herbeiführte. Corna gab nach allen Seiten Ehrenerklärungen, worauf von den Angegriffenen alle Klagen eingestellt wurden.[1]) Zu gleicher Zeit wurde Corna für das Jahr 1546 zum Syndik gewählt. Man möchte vermuten, daß dieser Friedenschluß auf Grund eines Compromisses stattgefunden hat; denn die Beschwerden des Schatzmeisters waren begründet, die gerügte Unordnung war straffällig, und der Verdacht, daß etliche der regierenden Herren ihren Privatvorteil dabei gefunden, ist kaum abzuweisen; wenn auch die Aeußerung Monathons, des begnadigten Artichauds, er wolle mit den Guthaben der Stadt an die Herren vom Rat die halbe Baseler Schuld bezalen, übertrieben sein mag.[2])

Das neue Verhältniß Calvins zu dem Rat blieb das Jahr 1545 durch bestehen. Während seine Forderungen in Kirche und Schule wie früher oder in noch höherem Grad als früher der Bereitwilligkeit oder der Nachgiebigkeit begegneten, hielt man ihn von den politischen Beratungen entfernt, nicht aus Haß oder Mißachtung, so versteht Calvin die Lage, sondern weil man durch Schweigen den Schein der eignen Weisheit aufrecht erhalten will. Wir ergänzen: weil man Roset Recht gibt und das Ansehen der Obrigkeit nicht durch den wachsenden Einfluß des Reformators verdunkeln lassen mag. Noch vor Ablauf des Jahrs bekam er in empfindlicher Weise zu fühlen, daß seine persönliche Stellung in Genf seit dem Friedenschluß mit Bern sich geändert hatte.

Auf die Kunde von feindlichen Absichten einer kaiserlichen Heerschaar Ende November wurden plötzlich und in Eile Anstalten gegen eine Ueberraschung der Stadt ins Werk gesetzt; eine neue Anleihe in Basel

---

hinzu, hat Roset nach dem Livius gesucht, und die betreffende Stelle im Rat vorgelesen. Es wäre wünschenswert, die Quellen Galiffes im Wortlaut zu kennen.
1) Ratsprot. 1546 Febr. 5.
2) Ratsprot. 1545 Febr. 13.

zu machen beschlossen; die benachbarten Vögte Berns angerufen. Sofort und ohne die unmittelbare Aufforderung abzuwarten, sandte Bern seine Abgeordneten, um Hülfe zu bieten. Auf Weisung des Rats setzten sich am 7. December die Herren von den geheimen Sachen mit den Bernern zusammen und berieten in mehreren rasch einander folgenden Sitzungen die Mittel der Abwehr. Es wurde die Bereitschaft Genfs betreffend Festungswerke, Geschütz, Munition und Bedienung besprochen. Sachverständige Kriegsleute sollten die Werke besehen und nötige Aenderungen angeben. Zwei große Fahrzeuge sollten gebaut werden, um den See zu beherrschen und zu benutzen, die vorhandenen Fahrzeuge nach Genf und anderseits nach Chillon zurückgezogen, die unbrauchbaren vernichtet werden. Beamte und Predicanten sollten in Genf Aufnahme finden, Lebensmittel und alles nötige dorthin geschafft werden. Da Genf 1500 Mann aufzubringen gedachte, so wurde ein Zusatz von 2000 Berner Leuten festgestellt, doch aus den deutschen Landschaften, so bat Genf, nicht aus den welschen, die Savoyisch gesinnt seien. Genf erbot sich, den Sold für 500 derselben aufzubringen. Die Besatzung war nur dazu bestimmt, die Stadt so lange zu halten, daß Bern Zeit habe, mit Heeresmacht herbei zu eilen und dann rasch und gründlich ein Ende zu machen. Man warf die Frage nach den Kosten auf, war aber darin einig, daß es eine gemeine Sache beider Städte sei. Der Vertrag, der die genannten und andre minder bedeutende Punkte umfaßte, wurde am 9. December unterzeichnet, die Genehmigung beider Obrigkeiten war vorbehalten.[1)]

Da der Rat sich vollkommen gegen ihn abschließt, erfährt Calvin von diesen Vorgängen nichts, als was ihm das allgemeine Gerede zuträgt. Er ist darüber um so ungehaltener, je geringer er die Einsicht der Herren schätzt. „Ich bin ein Fremdling in dieser Stadt", schreibt er an Viret, „doch glaube ich auch, wo ich nichts weiß, mehr zu sehen als sie alle, denen die ganze Sache vor Augen liegt. Halte mich nicht für einen Prahler! sie sind alle blind, ich einäugig". Die fremde Besatzung ist ihm schon aus kirchlichen Gründen zuwider. „Wenn die Unsrigen", meint er, „schon ohne Lehrmeister sich allzu soldatenmäßig,

---

1) Bern Instr. nach Genf 1545 Nov. 30. (Arch. Bern). — Die Verhandlungen zu Genf Ratsprot. 1545 Dec. 6.—9.

das heißt zuchtlos, aufzuführen beginnen, was ist erst von den Lehrmeistern selbst zu erwarten"? Doch soll man alles halten, was ausgemacht ist, überhaupt kein Zeichen des Mißtrauens geben, aber nur so weit trauen, als gut ist. "Aber", schließt er, "ich bin ein Thor, mich zum Ratgeber aufzuwerfen, wo ich ausgeschlossen werde. Mein Teil ist Schweigen und Weinen, da ich nicht lachen darf und zu helfen nicht im Stande bin".[1])

Am 12. Januar 1546 legte eine neue Berner Gesandtschaft ihre Instruction[2]) vor, die in den meisten Punkten des Vertrags freundliche Zustimmung aussprach, dagegen das Genfer Anerbieten, 500 Mann der Besatzung in Sold zu nehmen, verwarf, und vielmehr auf das Burgrecht verwies, das im Fall der angerufenen Bundeshülfe Genf die Kosten auflegte; ferner für Berns obersten Hauptmann den Oberbefehl über das gesammte Kriegswesen in Genf, einbegriffen den Generalcapitän, verlangte. Die Härte der ersteren Bedingung erschien gemildert durch die Bemerkung, daß man nicht daran denke, in der Tat Genf alle Last aufzuerlegen; nach Beendigung des Kriegs vielmehr sich der Art mit ihnen

---

1) C an Viret 1546 Jan. Literas tuas reddidi Perrino. Unde orti sint illi sermones nescio. Hospes enim sum in hac urbe. Plus tamen in rebus incognitis mihi cernere videor, quam cernant omnes qui omnia oculis habent subiecta. Non est quod me iactantia nimium efferri putes. Caeci enim sunt omnes, ego luscus. Admonueram eum triduo ante coram Abelo, caveret ne quam diffidentiae significationem daremus. Nihil tamen audieram dictum, sed occasionem arripueram ex eius sermone, quum obiter attingeret praesidem Cameracensem multa polliceri, modo sibi ab omnibus caverent. Respondi: hoc cavere quid aliud est quam se nudare omni praesidio? Id coram pluribus. Clam dixi quae videbantur. Senatum adire nolo, quia fugit omnem communicationem. Quid hactenus egerint cum Bernatibus, omnes praeter me unum in urbe norunt. Non faciunt contemptu neque odio quod mihi nihil aperiunt, sed magis pudore, aut quod sapientes videri affectant tacendo. — — Duobus membris totum meum consilium concludo, ut quidquid egerunt cum vestris ratum maneat; nam si retro cedunt, ostendo quid sequuturum sit; deinde ne prae se ferant ullum diffidentiae signum, fidant autem quoad expedit. Si operae pretium iudicavero, ego me interponam. Si non patebit aditus, quid facerem? nisi ut cum illis peream nulla mea culpa. — Ego praesidium fugiam, quoad non urgebit necessitas. Nam quum nostri iam nimium militariter agere incipiant nullis magistris, hoc est insolenter et dissolute, quid exspectem ab ipsis magistris? Deinde expende qui delecti sint. Nunquam ergo nostris autor ero praesidii hic collocandi, donec usus fuerit. Quanquam si iam id fuerit constitutum, facile assentiar, imo hortabor ne verbum commutent. Sed ineptus sum, qui me illis consultorem profitear, qui excludor. Deflebo igitur mecum tacitus eorum mala, quando ridere nefas est, mederi autem non possum.

2) Bern Instr. nach Genf 1546 Jan. 4. (Arch. Bern).

vertragen werde, daß Genf zufrieden sein dürfe. Aber dieser Punkt kam gar nicht zur Erörterung: so entscheidend erwies sich die zweite Bedingung für das Schicksal der ganzen Verhandlung.

In den Ausschuß, der mit dem Entwurf der Antwort beauftragt wurde, ist dießmal Calvin wieder beigezogen worden. Wir dürfen vielleicht vermuten, daß der Generalcapitän, dem in dieser Sache, die ihn vor allen angieng, das erste Wort zukam, und der die Ansichten seines verehrten Freundes kannte, für seine Berufung gewirkt hat. Der Entwurf, der am Abend des 12. vorgelegt wurde, enthielt die Ablehnung der Berner Instruction, wurde aber nicht scharf genug befunden. Man beschloß, entgegen der Meinung Calvins, in der Antwort solle zum Ausdruck kommen, daß die Genfer keinen Obern haben wollten, weder über ihren Generalcapitän noch über andere, und keine fremde Jurisdiction in ihrer Stadt zuzulassen gedächten. Der neue Entwurf wurde am folgenden Morgen vorgelegt, genehmigt, am Mittag den Berner Boten in den Gasthof zugesandt. „Die Unsern", schrieb Calvin, „haben den Fehler gemacht, daß sie zu schroff geantwortet. Ich habe mir alle Mühe gegeben, es zu verhindern". [1])

Uebrigens ist die Kriegsgefahr damals ohne Schaden vorüber gegangen.[2])

---

1) Die Verhandlungen in Genf 1546 Jan. 12.—14. s. Ratsprot. — a este faicte lecture de la responce des s^rs comys, laquelle apres naz pas este acceptee, ains a este remis a faire aulcune responce sur lad. leur responce, a scavoir que nous ne vollons point de supperieurs sur nous ny sur nostre capitaine general uy aultres, ny moyen qui exercent aulcune juridicion en nostre ville, mes que plustost lon demeure au contenu de la bourgeoysie, et de tout soyt couche une bonne responce avec remonstrance etc. — Jan. 18. Soixante billigen die Antwort. plus a este propose coment lon a entendu que, si lesd. de Berne povyent estre fors en Geneve, qui mestrient lad. ville en subjection, toutesfoys fault obvier a tout cella et que ung chascung reude son debvoyer. Die Sache soll einstweilen geheim gehalten und den Deux Cens nicht vorgelegt werden.
C an Farel 1546 Febr. 20. In uno peccarunt nostri quod ferocius responderunt. Sed quid facerem? In me tamen redundat invidia, quum magna contentione decertarim ne id fieret. — Bern Instr. nach Genf 1546 Mz. 10. (Arch. Bern). — darüber ouch schriftliche antwort geben, die öben scharpf und ruch abgangen und m. g. h. sich dero dheins wegs versechen. Bern wehrt hier den bösen Verdacht nachdrücklich ab, unter andern auch darauf hinweisend, daß Genf vertragsmäßig in Krieg und Frieden eine offne Stadt für sie sei.
2) C an Farel 1546 Jan. 26. Erat quidem nobis cavendi tempus, quum nostri custodias portis assignarunt et subito in excubiis agendis fuerunt diligentiores. Sed inconsulte factum quod trepidationis signum dederunt. Factum autem et me iuscio et

Die Predicanten.

Unter den kirchlichen Sorgen, die während dieser Zeit den Reformator beschäftigten, stand obenan die Sammlung und Sichtung der kleinen Schaar von Gehülfen, die er für die Seelsorge der städtischen Gemeinde bedurfte. Es dauerte vier Jahre, ehe dieß Ziel notdürftig erreicht war. Der erste Schritt war wenig erfolgreich gewesen. Denn unter den vier neuen Predicanten, die er bei Virets Abschied im Juli 1542 heranzog, entsprach nur einer, der Doctor Geneston, seiner Erwartung, und dieser wurde ihm schon 1545 durch den Tod wieder entrissen. Blanchet starb als freiwilliges Opfer der Pest. Die beiden übrigen duldete er gleich den beiden aus früherer Zeit übrig gebliebenen Genossen, mit dem stillen Vorbehalt, unter günstigen Umständen sich ihrer nach und nach zu entledigen. Hier und da bot sich durch eine ledig gewordene Landpfarre die Gelegenheit, einen von ihnen aus der Stadt zu entfernen und draußen unterzubringen, wo der Schaden, den er stiften konnte, geringer war; und damit war dann Platz für einen neuen Ankömmling aus der Ferne gewonnen. So war schon bisher Jaques Bernard aus dem Weg geräumt und nach Satigny versetzt worden. Die nächste Pfarre, die frei wurde, war zu Jussy. Wir wissen, daß dort Calvin die Absetzung des Vandert eine Zeit lang hinderte, weil der Rat sich nicht daran gewöhnen sollte, ohne Gutachten und Antrag der Amtsbrüder einen Geistlichen abzudanken. Aber er hatte wohl auch keinen Ersatzmann zur Hand. Als im April 1543 unter Mitwirkung der Geistlichkeit die Absetzung durchgeführt wurde, trat sofort ein neu angekommener Franzose, Abel Poupin, an

---

minime suspicato tale quidquam futurum. Hac occasione arrepta accurrunt vicini nostri, valde liberaliter se offerunt. Nemini suspecta erat tam prolixa benignitas. Mecum nihil nostri communicant. Ultro citroque habitis sermonibus bene convenit. Paulo post ecce tibi nova legatio cum improbissimis mandatis. Praesidii capitaneus cum suo consilio. Repudiati discesserunt. Nunc scio quam varia passim spargantur. Sed nihil video periculi. Tu si quid audias, fortiter nega quidquam esse inter nos simultatis. Jam enim quum ipsos pudeat sui, confugient ad veteres artes, se infamari nulla culpa etc. Vix nostris persuadeo quod factu est opus in hac parte. Neque mirum, nam in aliis multis, repugnante me, desipiunt. — Die Berner haben, wie Calvin voraussah, ihr Mißgeschick auf seine Rechnung geschrieben. Sein Freund zur Kinden, der bei der Gesandtschaft war, mußte den Verkehr mit ihm vermeiden. Zur Kinden an C 1546 Febr. 6. Quod nuper Genevae non colloqui potuimus, mihi perinde ac tibi fuit molestum. Sed te valetudo, me vero partim negotia, partim suspiciosi quidam homines distinebant.

seine Stelle.¹) Schon nach einer Woche tauschte dieser mit Henri de la Mare: er kam in die Stadt und bewährte sich als treuer und schätzbarer Gehülfe Calvins, während de la Mare die Landpfarre bezog, bereitwillig und gern, gleichwie ein Jahr früher sein College Bernard, ohne Zweifel zufrieden, von der täglichen Begegnung mit dem strengen Kirchenhaupt frei zu werden.²)

In die Zeit, in welcher diese Veränderung stattfand, fällt ein Vorgang³), der deutlich zu erkennen gab, daß die Geistlichkeit Genfs in ihrer damaligen Zusammensetzung nicht auf der Höhe ihres Berufs stand. Schon vorher, im Herbst 1542, war die Pest in der Stadt ausgebrochen. Ein Pestspital war errichtet und die Predicanten aufgefordert worden, einem aus ihrer Mitte die Seelsorge der Pestkranken zu übertragen. Damals hatte Pierre Blanchet der gefährlichen Pflicht sich unterzogen; nach einigen Wochen aber war die Krankheit verschwunden und Blanchet zu Haus und Familie zurückgekehrt. Jetzt im Frühling 1543 brach die Pest von neuem aus, und wieder verlangte der Rat, am 30. April, daß die Predicanten einen der Ihrigen ins Pestspital schicken sollten. Am 1. Mai erfuhr er, daß etliche der Predicanten sich geäußert hätten, eher als in das Pestspital würden sie zum Teufel und auf den Richtplatz gehen. Zugleich meldete Calvin das Anerbieten des Schulrectors, die Seelsorge bei den Kranken zu übernehmen. Der Rector gehörte nämlich insofern zur Geistlichkeit, als er verpflichtet war, Sonntags in Vendovre Predigt zu halten. Sein Anerbieten wurde angenommen. doch die Ausführung

---

1) Ratsprot. 1543 Apr. 16. Ayans uoys la relacion des s^{rs} predicans, aut lieu dud. Wander a este mys en son lieu led. m^o Abel, non pas seulement pour servyr a Jussiez, mes en tout ce quil sera necessayre en leglise de Geneve, et ha fayet le seyrement dheu.

2) Ratsprot. Apr. 23. Pour ce que Me Abel est asses suffizant pour prescher en Geneve, resolu que pour ung temps led. m^e Abel sera bien propre en la ville, et quant a Jussiez ordonne que il doybge alle m^o Henry de la Mare, lequel par avant il ha este. — Apr. 27. Me Henry de la Mare predicant, lequel jouxte le bon volloyer de la s^{ie} et consistoyre est venuz presente de obeyr a ce quil est ordonne de alle servyr Dieu en leglise de Jussiez, priant luy oltroye ung predicant avecque dymenche pour le presenter aut peuple jouxte les ordonnances par cy devant establyes. Resolu que m^r Calvin le doybge alle presente dymenche prochaien. et pour leur tenyr compagnye la charge a este donne aux s^{rs} Johan Philippin et Johan Lambert avecque le nouveaulx chatellaen. — Presentation de m^e Abel. Ordonne quil soyt presente aut peuple le dymenche prochaien en huyet jours, pour ce quil est admys ministre la ou la s^{ie} verra estre expedien.

3) Ueber die Predicanten gegenüber der Pest s. Buisson, Castellion I 184 ff.

verschoben. Wir dürfen uns sagen, daß man so wenig sich entschließen mochte, das Haupt der Schule, als das Haupt der Kirche auf unbestimmte Zeit von ihrer Heerde zu entfernen und in ein Spital einzuschließen. Endlich half Blanchet wieder aus der Verlegenheit: er gieng am 14. Mai ins Spital, aber dießmal ergriff ihn die Krankheit, er starb am 1. Juni, und wieder forderte der Rat von den Predicanten einen Nachfolger für den mutigen Mann. Sie sträubten sich alle gegen die Zumutung, und wiesen als Notbehelf auf einen Mann hin, einen Franzosen, der zwar kein Geistlicher, aber gläubig und die Kranken zu trösten fähig und willig sei. Der Rat beharrte auf seinem Verlangen. Zwar Calvin schloß er ausdrücklich aus, als unentbehrlich; die übrigen aber erinnerte er an die übernommene Pflicht, in Glück und Unglück, in Pest und Krieg der Kirche zu dienen. Sie erwiederten, allerdings sei das ihre Pflicht, aber Gott habe ihnen nicht die Gnade der Stärke und Standhaftigkeit, um in das Spital zu gehen, verliehen, und so möge man sie für entschuldigt halten. Nur Geneston fügte bei, daß er, wenn das Loos auf ihn falle, sich nicht weigern werde; und wir zweifeln nicht, daß im gleichen Fall auch Calvin nicht anders würde gehandelt haben.[1]) Es blieb dabei, daß der bezeichnete Nothelfer — er hieß Simon Moreau — in den Dienst des Pestspitals eingestellt wurde, wofür er später nach dem Aufhören der Krankheit und einer kurzen Vorbereitung für das geistliche Amt eine Landpfarre erhielt.[2]) Er hat sie nicht gar lange darnach wieder

---

1) C an Viret 1542 Oct. Destinandus fuit unus ex nostro collegio qui aegrotis adesset. Quia Petrus se obtulit, facile omnes passi sunt. Si quid ei acciderit, vereor ne mihi post eum sit periclitandum. Nam, ut dicis, quia sumus singulis membris debitores, non possumus iis deesse qui prae aliis nostrum ministerium desiderant. Neque tamen meum consilium est, ut, dum volumus parti consulere, ipsum ecclesiae corpus deseramus. Sed quamdiu sumus in hoc munere, non video quid practexere nobis liceat, si periculi timore eos destituimus quibus maxime auxilio opus est.

2) Ratsprot. 1543 Dec. 17. M° Symon predican. lequelt a servyr a l hospital pestil. et a present est depourvheu doffice. Ordonne que les predicans layent a examiner et sil est convenable aut ministere, quil soyt admys. — 1544 Jan. 14. M° Symon jadys predicant de lhospital pest. Ayans aoys la relacion des predicans, lesqueulx hont refferuz quil nest encore propre aut ministere, toutesfoys quil a bon volloyr, priant le allymenter a lhospital pour ung temps, durant lequel pourra apprendre et sera mys en quelque village pour presche, et sur ce ordonne quil soyt allymente a lhospital pour troys moys prochaien, et cependant pourra estudier. — Oct. 6. — m° Symon predicant a Bossey etc.

verloren wegen im Spital begangener Sünden.¹) Nicht anders wurde es übrigens gehalten, als 1545 von neuem die Pest ausbrach.²) Mathieu Melisier hieß der geistliche Handlanger, der damals im April mit der Seelsorge im Spital betraut³) und ein halbes Jahr später mit der Pfarre zu Bossey belohnt wurde.

Noch war die durch Blanchets Tod entstandene Lücke nicht wieder ausgefüllt, als ein neuer Bewerber auftrat: der Schulrector Sebastian Castellio⁴) verlangte von seinem Amt entbunden und unter die städtischen Predicanten aufgenommen zu werden. Er war ein junger Mann, erst neun und zwanzigjährig, aber hatte bereits glänzende Beweise hervorragender Begabung und Gelehrsamkeit, nicht minder einer tief religiösen Gesinnung gegeben.⁵) Gebürtig aus dem Baugey, weshalb er sich einen Savoyer nannte, war er in Lyon Humanist geworden, dort in die evangelische Bewegung eingetreten, hatte um ihretwillen Straßburg und Calvin aufgesucht 1540, im engsten Kreis der Anhänger des Reformators gelebt und gelernt. Von Farel empfohlen, war er gleichsam als Vorläufer des Erwarteten in Genf eingetroffen und an die Spitze der Schule getreten. Calvin wollte Mathurin Cordier an diese Stelle bringen, und erst, als er diese Hoffnung aufgeben mußte, ließ er zu, daß aus der vorläufigen Verwaltung der Schule eine feste Anstellung Castellios wurde, im Frühjahr 1542. In demselben Jahr begann der junge Rector die Veröffentlichung seiner biblischen Gespräche, eines Schulbuchs zur Einführung der Jugend in den Gebrauch und die Gewohnheit einer guten Latinität, zugleich zur Einführung in die biblische Geschichte. Dieß Buch hat dem Verfasser zwei Jahrhunderte lang den Dank fast aller evangelischen Länder Europas eingebracht.⁶) Weshalb er schon im Herbst 1543 sein Schulamt aufgeben wollte, ist nicht klar. Die ihn empfehlenden Predicanten sprachen von Krankheit; er selbst hat in der

---

1) Ratsprot. 1545 Apr. 7. 11. 13. Mai 22.
2) Schon 1544 Oct. 30. ist wieder die Rede von der Berufung eines Geistlichen in das Pestspital. Annales p. 345.
3) Ratsprot. 1545 Apr. 20.
4) Buisson, Castellion I 194 ff.
5) Ueber Castellios Vorleben s. Buisson I 1 ff. Ueber die biblischen Gespräche s. I 152 ff.
6) Buisson, Castellion I 152 ff.

Zeit der Teuerung das Gehalt von 450 Gulden, mit welchem er den
eignen Haushalt und daneben zwei Unterlehrer zu bezahlen hatte, zu
gering gefunden. Wir denken außerdem an die verdrießlichen Streitig-
keiten,[1]) die ihn mit einem seiner Unterlehrer, Pierre Mossard, ent-
zweiten, um so verdrießlicher, als derselbe sein Schwager und, wie sich
aus späteren Lebensäußerungen desselben ergibt, ein unfeiner Geselle war.[2])
Doch dieß alles waren Nebenrücksichten, in welchen die Entscheidung
nicht lag. Vergegenwärtigen wir uns die Richtung, in der sein ganzes
Leben sich bewegt hat, so sind wir zu der Annahme berechtigt, daß
immer und auch schon im Anfang seiner Laufbahn die Stellung als
Prediger und Seelsorger das Ziel seiner Wünsche gewesen ist. Seine
Beschäftigung war vor allem der Religion gewidmet. Die biblischen
Gespräche waren nicht bloß ein Lehrbuch der Latinität, sondern eine
Einführung der Jugend in die Bibel und eine Anleitung zur Frömmigkeit.

---

1) C an Viret 1542 Aug. 19.
2) Ratsprot. 1544 Sept. 1. s. Annales p. 343. — 1546 Aug. 3. M° Pierre Mos-
sard bachellier des escholles. lequel ce lamente de ces gages et m° Erasme ne luy veult
poie coment luy estoyt establyr precedemment. Ordonne que m^r Calvin doybge entre
eulx cella paciffier et soyt aoys ambes parties. — Aug. 30. Sur ce que cest lamente —
sur quoy m^r Calvin a remonstrer que lon a establyr le maistre, autquel lon a donne son
gaige avec charge de soudier lcd. bachelier, et que si ne veult servir, qui sent trouvera
daultre qui serviront. — 1547 Dec. 13. M° P. Mossard bachelier de lescole. Lon a
refferuz que lcd. maistre a si fort bastu le fils de Bulli, qui en est mort. Ordonne qui
en soyent prinses bonnes informations. — Dec. 29. der Befehl wiederholt. — 1548 Juli 10.
M° Pierre Mossard bachellier des escholles contre m° Erasme Cornier regent desd. escolles.
resolu que grandes remonstrances soyent fayetes aud. Mossard, et que la premiere foys
qui sera reprys sera demys de son office. — Aug. 2. P. Mossard bachelier wird ange-
klagt, ein Kind so geschlagen zu haben, daß es krank ist. — Aug. 10. — Oct. 25. Le
maistre de lescolle. Sur ce qui a este propose par m^r Calvin, que m° Piere et luy sont
journellement en contencion les ungs contre les aultres et que lcd. bachellier nest pas
souffizantz, dont ne pourroyent vivre en paix, pourquoy il seroit bon de il remedie. —
1549 Dec. 6. Pierre Mossard bachelier en lescolle supplie quil soyt admys a bourgois.
Arreste pour bon respect, quil demeure en son estat sans point estre admys encore. —
1550 Sept. 16. — 1554 Mz. 22. Icy est este raporte et propose que lon a exorte
m° Enoch a estre daccord avecque Pierre Mossard, quil a dict que pour ce que lcd.
Mossard nest suffisant et est assez mal conditionne, il ne peult demorer a lescole avec-
que luy, et toutesfoys ne luy veult point de mal, mais plustost vouldroit demander conge,
a cause quil abuse les enfans. Est este aoys lcd. m° Enoch quil dict ne pouvoir en bonne
conscience faire autrement. Est arreste que lon dye aud. Mossard, quil porra retirer de
leschole, et si veult tenir des enfans hors de la, il le porra faire. Et si m° Enoch luy
doibt quelque argent, quil le poye. — Mz. 23. Der Nachfolger Mossards wird angenommen.

Zu gleicher Zeit begann er ein andres großes Lebenswerk, die Uebersetzung der Bibel, in derselben Gesinnung und Absicht. Und sein persönliches Verhalten stand in Uebereinstimmung mit den Bestrebungen des Schriftstellers: sein Straßburger Leben in Dürftigkeit und Entbehrung, seine Aufopferung und Todesverachtung ebendort in Betätigung der Nächstenliebe, zuletzt wieder in Genf sein Erbieten, ins Pesthaus zu gehen. Darum war jetzt auch die Meinung allgemein, daß er der rechte Mann für das begehrte Amt sei: die Predicanten erklärten sich einmütig zu seinen Gunsten, der Rat beschloß am 17. December, ihn in den Dienst der Kirche zu stellen, zu dem er sehr geeignet sei. Erst im letzten Augenblick änderte Calvin seine Ansicht und trat dem Vorhaben Castellios und seiner Gönner entgegen.[1])

Als man nämlich vorschriftsmäßig in der Versammlung der Predicanten darnach fragte, ob der Candidat sich mit dem Glauben der Genfer Kirche im Einklang befinde, versicherte Castellio seine vollkommene Uebereinstimmung mit Ausnahme zweier Punkte. Diese betrafen das hohe Lied, das er für ein Liebesgedicht halte, und die Höllenfahrt Christi im Glaubensbekenntniß, deren Deutung als Gewissenschauder er mit dem Wortlaut des Textes nicht vereinbar erachte. Darauf erklärte Calvin im Namen der Congregation vor dem Rat, Castellio könne wegen gewisser Meinungen nicht als geeignet zum Dienst der Kirche angesehen werden. Damit war die Sache abgetan. Castellio erhielt zwar auf seinen Antrag Gelegenheit, sich vor dem Rat gegenüber den Anschuldigungen der Geistlichkeit zu verteidigen; aber das Religionsgespräch zwischen Calvin und seinem Gegner, das im Januar 1544 stattfand, konnte im besten Fall nur unfruchtbare Sympathien zu seinen Gunsten in der Reihe der Ratsherrn erwecken. Da auch das Gesuch um Erhöhung des Gehalts für die Schule keine Erhörung fand, so entschloß sich Castellio, Genf zu verlassen. Nur so lang wollte er bleiben, bis für den Nachfolger an der Schule gesorgt sei.

Der Reformator hatte seine Tat gegen die fast allgemeine Mißbilligung auch seiner Freunde zu verteidigen. Dem Mitleid um die Not-

---

1) Buisson, Castellion I 146 ff.

lage und die trübe Zukunft Castellios konnte er seine eigne Zustimmung nicht versagen[1]; vielmehr erklärte er sich wiederholt bereit, nach Kräften zu helfen. Dem Lob des Mannes trat er nicht entgegen; er zollte seiner Begabung und Gelehrsamkeit, auch seiner Gesinnung eine, wenn auch kühle Anerkennung.[2] In dem Zeugniß, welches er auf Verlangen Castellios im Namen der Geistlichkeit ihm ausstellte, wird aller Tadel ausdrücklich auf die zwei erwähnten Punkte beschränkt.[3] Daß es sich hierbei um keinen Hauptpunkt des Glaubens handle, gibt er zu; aber jene Verschiedenheit der Auslegung würde schwere Uebelstände im Gefolge haben, und anderseits könne doch der nicht zum Pfarrer gemacht werden, der ein Buch verwerfe, das alle Kirchen in den h. Kanon einreihen. Aber wenn wir auch dem Standpunkt des Kirchenhaupts sein Recht einräumen, so bleibt doch ein Zweifel übrig, ob es nicht möglich war, ohne Verletzung der Pflicht die Dinge so zu leiten, daß die Klippe vermieden, Castellio gerettet und der Genfer Kirche eine hervorragende Kraft gesichert wurde.

Es wurde damals geltend gemacht, daß Castellio bereits dritthalb Jahre lang das Predigtamt zu Vendovre versehen habe, wodurch das Erforderniß der Prüfung und Zulassung eigentlich wegfiel. Aber Calvin ließ diesen Einwand nicht zu: man habe ihn damals, entgegnete er, ohne Prüfung zum Prediger verordnet, in Calvins Abwesenheit, ohne sein Wissen; das habe er, Calvin, nicht zu verantworten.[4] Vielleicht, möchten wir vermuten, war es ihm nicht unlieb, durch die Prüfung einen Grund

---

1) C an Viret 1544 Febr. 11. — C an Viret 1544 Mz. 26. De Sebastiano cuperem, sicut dixi, rationem inter nos initam qua illi consuleretur. Ego pro mea virili adiuvabo. Crede mihi, torqueor mirum in modum, quum prospicio quid illi immineat.
2) C an Viret 1544 Febr. oder Mz. Miseret me illius. Optarem illi bene alicubi sine offendiculo prospectum, et libenter pro mea virili manum ad eam rem porrigerem. Faveo ingenio et doctrinae. Tantum vellem illud coniunctum esse cum meliore iudicio, hanc prudentia temperatam et illam immodicam confidentiam, quam ex falsa doctrinae modicae persuasione concepit, ex animo eius penitus revulsam.
3) Zeugniß über Castellio, im Namen der Genfer Geistlichkeit von Calvin ausgestellt 1544 Febr., in Uebersetzung mitgeteilt von Buisson, Castellion I 198.
4) C an Viret 1544 Febr. oder Mz De Sebastiano quoque obiter mecum egit Ribittus, et videbatur omnino urgere, non debere a nobis praeteriri. Quum saepius mihi inculcaret hanc vocem, quid ergo vellem illum facere, respondi paullulum commotus, me cessurum libenter loco, sed mihi non debere vim fieri, ut eum reclamante conscientia admitterem. Obiiciebat, fuisse in ministerio. Negavi, et addidi, quod absque ullo examine missus fuisset, me absente et inscio, ad concionandum: id mihi imputari aequum non esse.

zur Ablehnung des Candidaten zu erhalten. Denn daß schon bisher die beiden jungen Männer nicht durch Freundschaft und Vertrauen verbunden waren, läßt sich aus allen Aeußerungen Calvins entnehmen: so oft er Castellios gedenkt, geschieht es im Ton der übeln Laune.[1]) Jetzt wird er ungeduldig über die Bemühungen der Freunde, ihn günstiger für ihn zu stimmen, und bittet, man möge ihn in Ruhe lassen. „Bei der Art", fügt er hinzu, „wie jener über mich denkt, wird es schwerlich jemals zu einem leidlichen Verhältniß zwischen uns kommen".[2]) Und später schreibt er: „Ich weiß, er hat sich in den Kopf gesetzt, daß ich darnach trachte, obenan zu stehen; ich glaube, ich habe ihm keinen Anlaß geboten, so von mir zu denken; aber mir hat er Grund gegeben, ihn ehrgeizig und streitsüchtig zu nennen".[3])

Wenige Wochen, nachdem die Bewerbung Castellios abgewiesen worden war, am 10. März, wurde ein neu angekommener Franzose, Johan Ferron, in die städtische Geistlichkeit eingereiht, der das Vertrauen des Reformators auf die Dauer zu gewinnen vermochte. Zugleich mit ihm wurde Nicolas Pietit angenommen, den wir einige Monate später, am 28. Juli, als Pfarrer zu Chancy erwähnt finden.

Am 31. Mai berichtet Calvin über höchst ärgerliche Streitigkeiten unter den Predicanten.[4]) „Zum zweitenmal erfahre ich, was es heißt,

---

1) C an Farel 1542 Juli 28. — C an Viret 1542 Aug. 19. — C an Viret 1542 Sept. 11.

2) C an Viret 1544 Febr. oder Mz. Hoc tantum a vobis impetratum velim: de Sebastiano non mihi sitis molesti. Ille, quantum ex eius sermone colligere potui, ita de me sentit, ut difficile sit posse inter nos unquam convenire.

3) C an Viret 1544 Mz. 26. Scio hoc illi persuasum me cupere eminere. Jurene an iniuria hoc de me sentiat, Domini esto iudicium. Mihi certe ego non videor ullam occasionem dedisse. Sed mihi causam praebuit cur illum et ambitiosum et contentiosum iudicare debeam. Sed doctrinam respicio et animum alioqui non malum.

4) C an Farel. Nunc iterum discere incipio quid sit Genevae habitare. Versor enim inter mirabiles spinas. Jam duobus his mensibus inter collegas fuerunt gravia certamina, et eo usque progressa ut ex quatuor necesse esset duos peierare. Quod si commissi fuissent qui accusabantur, erat maximum flagitium. Erant autem diversae causae et temporibus diversis, ita ut bini inter se certarent. Quum nullis nec testibus nec firmis argumentis veritas ostenderetur, coactus sum Dei iudicio causas ipsas commendare. Contentionem utramque composui. Quid enim fecissem? Ambo si eiicerentur, fiebat innocenti iniuria, et exemplum erat minime probabile. Praeterea verebar ne, si res in hominum notitiam prodiret, non eiicerentur re incerta, interea vero infamia in ordine

in Genf zu leben. Ich stecke in einem Dornengeflecht. Schon seit zwei Monaten war Streit unter den Collegen, und es war dahin gekommen, daß zwei von vier ohne Zweifel einen falschen Eid geschworen hatten. Je zwei nämlich haderten mit einander. Da Zeugen und Beweismittel fehlten, mußte ich die Sache dem Urteil Gottes anheimgeben und die Streithändel beilegen. Denn, wenn beide Teile fortgejagt wurden, so geschah den Unschuldigen Unrecht. Und wenn es zur öffentlichen Verhandlung kam, so war zu fürchten, daß die Schuldigen aus Mangel an Beweisen von keiner Strafe getroffen wurden, die Schande aber auf der ganzen Geistlichkeit sitzen blieb. Darauf ereignete sich aber, daß einer, der früher Mönch und Genosse von einigen unserer Predicanten gewesen war, ihr und anderer Leben mündlich und schriftlich der Art an den Pranger stellte, daß es über alle Maßen schimpflich für uns gewesen sein würde, wäre das in weiteren Kreisen bekannt geworden. Ich rief die Collegen zusammen, warf ihnen mit aller Schärfe vor, daß sie an all dem schuldig seien; denn ich wußte, daß sie selbst dem Ankläger

---

nostro resideret. Ecce autem ex transverso unus, qui et in monachatu fuerat quorundam contubernalis et hic apud eos vixerat, vitam eorum et aliorum quorundam sermonibus et scriptis sic traduxit, ut nobis nihil esset turpius si id latius manaret. Vocavi collegas. Invectus sum in omnes graviter quod illis imputandum hoc totum esset. Sciebam enim furiosum illum ab ipsis armatum esse, utcunque nunc, tanquam ad restinguendum commune incendium, conspirationem facerent. Dixi praeterea, urgeri nos manu Dei, vindicari illa periuria quae inter nos haererent, non esse mirum si ob tot scelera et execrationes in nos effervesceret ira Dei, quae ob unius hominis factum olim in totum Israeliticum populum tantopere exarsisset. Denunciavi quoque, nullum fore finem, donec collegium nostrum sceleribus illis quibus pollutum esset purgaretur. Tandem hortatus sum ut quisque in se descenderet, ut agnoscerent merito se plecti. Atqui tantum abfuit ut me audirent, ut nihil aliud statim cogitaverint quam de ultione. Saltem quidam. Serviebat monachus ille duobus fratribus, quos fuisse conscios, imo adiutores criminationis magna suspicio erat. Clanculum ergo quidam detulerunt, ab altero eorum fuisse petulantius dicta in magistratum et bonam partem senatorum fuisse multis loedoriis confixam. Jam nosti quam irritabilis sit senatus noster ubi attingitur. Simul atque mihi hoc fuit indicatum, vocavi omnes, praedixi quid futurum esset, ac minatus sum, si quid gravius contingeret, me non exspectaturum dum illis turbis implicarer: sensuros me absente quam validis essent humeris ad hoc onus sustinendum. Coniicitur in carcerem nobilis ille. Ut se purget, retorquet in Ludovicum collegam nostrum accusationem quae vix nisi capite aut saltem exilio terminari possit. Habet ille plures testes, hunc dixisse, fuisse data opera syndicos anni superioris et quasi ex destinato creatos ut si quid delinquerent capite plecterentur, et multa eius generis. — In Uebersetzung mitgeteilt von Buisson, Castellion I 209.

die Waffen in die Hand gegeben, obgleich sie jetzt zusammen standen, um den Brand, der sie alle bedrohte, zu löschen. Ich sagte ihnen ferner, daß dieß die Strafe Gottes für jene Meineide sei, und das werde kein Ende haben, ehe nicht unsre Genossenschaft von jenen Verbrechen gereinigt werde. Aber statt meine Worte zu beherzigen, dachten sie an nichts als Rache, wenigstens einer und der andre. Der Mönch stand im Dienst bei zwei adligen Brüdern, die man im Verdacht hatte, sie seien Mitwisser und Helfer bei der Anklage. Also wurde einer der beiden Brüder heimlich angezeigt und ihm freche Reden gegen den Rat und eine Anzahl Ratsherren Schuld gegeben. Sobald ich davon erfuhr, berief ich wieder die Versammlung, sagte ihnen voraus, was geschehen werde, und drohte ihnen, ich würde nicht abwarten, bis ich selbst in diese Wirren verwickelt würde, sondern fortgehen; sie würden dann schon sehen, wie weit sie ohne mich kommen würden".

Diese Dinge waren im Gang. Loys du Fou, der eine der beiden adligen Brüder, und sein Diener Johan Chaperon wurden eingezogen; er leugnete und warf die Anklagen auf Treppereau zurück, worauf auch dieser verhaftet wurde.[1]) In denselben Tagen wurde die gewohnte Freitags-Congregation gehalten, unter zahlreicher Beteiligung der Laien. Eine Stelle aus Pauli zweitem Brief an die Korinther lag vor. Castellio[2]) ergriff das Wort und stellte dem Bild, welches dort der Apostel von dem wahren Diener Gottes entwirft, das Bild der gegenwärtigen Genfer Geistlichen, überall das gerade Gegenteil von jenem, in knappen und schroffen Sätzen gegenüber: er diente Gott, sie dienen sich selbst; er wachte Nachts um der Erbauung der Kirche willen, sie wachen Nachts beim Spiel; er war mäßig und keusch, sie sind Trunkenbolde und unzüchtig; er ist in den Kerker geworfen worden, sie werfen den in den Kerker, der ihnen mit einem Wort entgegen tritt; und so weiter in derselben Weise. Calvin schwieg in der Versammlung still, aber brachte sofort die Klage an die Syndike[3]) und den folgenden Tag vor den Rat.

---

1) Ratsprot. 1544 Mai 30. Juni 3. 5. s. Annales p. 337. Juni 13. 17. Juli 1.
2) Ueber diesen Vorfall s. Buisson, Castellion I 209 ff. und die dort angeführten Quellen.
3) C an Farel 1544 Mai 31. Ex altera parte Sebastianus noster quanta maxima potuit atrocitate in nos debacchatus est etc. s. Buisson, Castellion I 210.

Er klagte über maßlose Verleumdung, aber nach Calvins eigner Schilderung war es nicht leicht, seinen Collegen zu viel zur Last zu legen, und wenn Castellio zu weit gegangen ist, so durfte er sich darauf berufen, daß Calvin selbst nicht selten, wenn seine Amtsbrüder durch ungebührliche Aeußerungen Anstoß gaben, die Entschuldigung gottseligen Eifers für sie geltend machte. Zu einem sicheren Urteil würden wir den Wortlaut seines Vortrags bedürfen. So viel ist immerhin klar, daß das Gefühl der erlittenen Kränkung dem Angriff auf das Genfer Predicantentum nicht fremd gewesen ist, und das genügt, um den Rat zu rechtfertigen, der am 12. Juli seine Mißbilligung aussprach und eine Strafe über Castellio verhängte. Die Strafe war freilich leicht: sie bestand darin, daß man ihm den Predigtauftrag zu Vendovre abnahm, den er ohnedieß aufzugeben im Begriff stand. Er hat im Juli Schule und Stadt auf immer verlassen.¹)

Es hängt ohne Zweifel mit den berührten Vorgängen der letzten Monate zusammen, daß es Calvin im Juli gelang, wiederum zwei mißliebige Predicanten aus der Stadt zu entfernen: Louis Treppereau bekam die Pfarre zu Celigny, Philippe de Ecclesia die zu Vendovre.²) Dafür wurden gleich darauf zwei neu angekommene Franzosen unter die städtische Geistlichkeit aufgenommen, Nicolas des Gallars, der sich ganz nach Calvins Wunsch bewährt hat, und Pierre Nynault, der ein Jahr später auf eine Landpfarre versetzt wurde.³)

Im März 1545 hatte sich ein neuer Bewerber bei dem Rat gemeldet, der den Vorzug geltend machen konnte, daß er ein geborener Genfer, ein Citoyen war. Er hieß Johann Trolliet und erzählte, daß er bisher in Burgund in einer Einsiedelei gelebt habe, nun aber nach Erkenntniß der Wahrheit in seine Heimat zurückgekehrt sei und nach einer Predigerstelle Verlangen trage, wenn man ihn dazu fähig erachte. Er fand Gunst und erhielt die Zusicherung der ersten erledigten Stelle.⁴)

---

1) Ueber die Stimmung, die fortan zwischen beiden Gegnern Platz griff, gibt C an Farel 1545 Ende April Auskunft.
2) Ratsprot. 1544 Juli 18. 28.
3) Ratsprot. 1544 Aug. 4.
4) Ratsprot. 1545 Mz. 20. Zeraphin Trolliet de Geneve. lequelt a expose comment il est sortyr et nee en Geneve et par cy devant a viscu a la papisterie et estoyt resi-

Als dann Ende Mai zwei Landpfarren, Drallien und Neyden, zu gleicher Zeit frei wurden, die eine durch den Tod, die andre durch die Flucht des Inhabers, erteilte am 1. Juni der Rat den Predicanten den Auftrag, für die Wiederbesetzung zu sorgen. Zunächst, fügte man hinzu, sei Trolliet zu berücksichtigen.[1]) Damit war jedoch Calvin nicht einverstanden. Einmal war es gegen die bisherige Uebung und Gewohnheit, daß die weltliche Obrigkeit den Candidaten nannte und die Geistlichkeit zum Gutachten aufforderte, und dann fand er in dem Mann die Eigenschaften nicht, die ihn zu dem Amt empfehlen konnten. „Die Affen lieben ihre Jungen, sonst spricht nichts für ihn": so schrieb er dem Freund nach Lausanne.[2]) Nachdem er mit den Amtsbrüdern Rücksprache genommen, erklärte er am 8. Juni im Rat, er werde nie seine Einwilligung zu Trolliets Ernennung geben; wenn die Herren ihn einsetzen wollten, so möchten sie es tun.[3]) Seine Absicht war vielmehr, die Gelegenheit zur

---

dant en Bourgongye en ung hermitage, mes puys quil a pleu a Dieu luy fere ceste grace de cognoystre la verite cest retire icy aut lieu de sa nayssance; requerant si ce trove capable luy donne place de prescher et il rendra son debvoyer. Ordonne que la premiere place vaccante des prescheurs qui soyt mys en la ditte place.

1) Ratsprot. 1545 Juni 1. Me Regalis predicant de Drallien est alle a Dieu de peste et sa femme aussi, m^e P. de lEcluse ministre a Neydens son est alle et a delaysse sa femme et ses enfans et a emporte de largent de la ville huyct escus soleyl. Ordonne fere scavoyer aux predicans qui ce enquicre de deux suffizans pour le ministere et que m^o Trolliet soyt le preferu.

2) C an Viret 1545 Juni 3. Ego hic valde sum anxius de duobus eligendis. Nam Joannes Dralliani minister ad Dominum migravit. Clusanus vero, ut quotidiana petendi molestia creditores liberaret, nescio quo profugit. En quid faciant cauponae. Ita enim propter gulae intemperiem se aere alieno immerserat, ut non alio remedio emergere potuerit. Vereor ne et alii quidam sequantur hoc exemplum. Duos enim habemus, qui biennii stipendio, si interea ieiunent, nequeant se extricare: nec tamen propterea desinunt furtim se abdere saepe in cauponas, et prandio uno plus absumere, quam in diarium totius familiae alimentum habeant. Verum redeo ad electionem. Nunc Trollietus quidam, quod natione sit Genevensis, nobis obtruditur: in quo multa signa appareut nobis omnibus parum grata. Nescio autem quid ministro dignum habeat, nisi quod simiae amant suos catulos. Utinam hic nobis adesses proximo Veneris die, quo de ea re consultabimus.

3) Ratsprot. 1545 Juni 8. Mr Calvin ministre. Suyvant plusieurs remonstrances que ilz a faict a cause de ladmission de Zeraphim Trolliet pour estre ministre et prescheur a proposer que jamais ne luy donnera son consentement par plusieurs raisons que quant ilz sera besoing ilz les declairera, et que M^{rs} ly peuvent bien meestre si veulent. Et daultre part qui en az plusieurs qui sement plusieurs parolles qui veullent estre chanoyennes et les appellent chanoyennes ce qui ne sont pas; requerant en faire remonstrance.

Krönung seiner langen Mühe zu benutzen, Champereaux auf eine der erledigten Landpfarren wegzuschieben und Farel an seine Stelle nach Genf zu bringen. Das Verlangen nach Farel, das er immer gehegt hatte, schien jetzt der Erfüllung fähig, wo er der Zustimmung der Amtsgenossen in Bern und in Neuenburg sicher war.[1]) Champereaux, der ihm von Anfang widerwärtig gewesen war, hatte er bisher geschont und wohl schonen müssen, weil die Gemeinde ihm zugetan war und sich an seiner deutlichen Aussprache und der gemeinverständlichen Art seiner Kanzelvorträge erfreute.[2]) Aber näher getreten waren sich beide Männer im Lauf der Jahre nicht. Im Gegenteil, indem die alten Collegen, Bernard und la Mare, ihm von der Seite genommen wurden, und der Kreis der Stadtgeistlichkeit sich allmählich im Sinn Calvins reinigte und zusammen schloß, suchte er Genossen andrer Art und über Gebühr im Wirtshaus seine Erholung. Er war zur Rede gestellt worden, und da er den Ermahnungen nicht nachgab, fand bei den Amtsbrüdern der Gedanke Eingang, daß die Entfernung nach dem weit entlegenen Drallien seinem Seelenheil zuträglich sein werde.[3]) Am 29. Juni wurden dem Rat die Anträge auf Berufung Farels, auf Versetzung Champereaux nach

---

Surquoy ordonne que m^r le sindique Curtet et quelquel aultre et luy facent les remonstrances de telle choses et qui doibge declarer les causes pour lesquelles ilz refussent et qui nest pas capable de le recepvoir pour ministre. S. Annales p. 354.

1) Ueber die Bestrebungen, Farels Uebersiedelung nach Genf zu bewirken und was damit zusammenhängt. s. Sulzer an Farel 1545 Juli 28. Viret an C Juli 28. C an Farel Aug. 4 und Aug.? Viret an C Aug. C an Viret Aug. 17. Ratsprot. Juni 22. s. Annales p. 355.

2) Die Genfer Predicanten an die Berner. Opp. Calv. XII. 195. Postea, quum nonnulli eo longe doctiores in agrum ablegarentur, retentus in urbe fuit, quia bene vocalis erat et orationem habebat vulgo accommodatam. — Bern an Genf 1545 Oct. 13. (Arch. Bern) — combien que aulcuns de nous conseillers quil ont oys preche nous ont referuz son sermon estre tres agreable es auditeurs.

3) Opp. Calv. XII p. 197. Saepe tamen interea monitus fuit in conventu fratrum, quum de aliis vitiis (die Beschuldigungen, welche die Straßburger Herausgeber in einer Anmerkung aussprechen, beruhen auf Mißverständniß) tum de negligentia et dissoluto vitae genere. Ab uxore etiam multa offendicula oriebantur. sed nihil peius nos habebat quam quod in cauponis frequentior erat quam domi. — Sodales habebat helluones quosdam prostituti pudoris, qui infamiam augebant. — Id illi placide aliquoties, sed tamen severe ostensum fuit. Atqui — nullum resipiscentiae signum praebuit. — Ergo, nisi hominem perditum vellemus, remedium nobis unum restabat, a sodalitiis quibus sponte nunquam renunciasset, cum loci distantia removere.

Drallien und auf Anstellung eines neuen Predicanten, François Bourgoyn, [1]) vorgelegt und genehmigt. Trolliet war übergangen worden. Wenn auch die Gründe Calvins gegen seine Anstellung, nach denen die Obrigkeit sich erkundigen ließ, ihr nicht einleuchtend sein mochten, so genügte für jetzt die entschlossene Weigerung des Reformators, und man begnügte sich, die Erklärung abzugeben, daß Trolliet nicht abgewiesen sei, sondern später angestellt werden solle; unterdes möge er weiter studieren.[2]) Champereaux unterwarf sich dem Beschluß der Congregation und des Rats, und wurde am 12. Juli durch Calvin in die neue Stelle eingeführt und der Gemeinde vorgestellt.[3]) Gleich darauf aber brach offne Feindschaft zwischen beiden aus. Champereaux scheute sich nicht, den Erfolg der Reise, die Calvin vor kurzem zu Gunsten der armen Verfolgten in Frankreich als Gesandter der Stadt unternommen hatte, in Zweifel zu ziehen. „Ich weiß gewiß", sagte er, „die Berner Herren denken nicht

---

1) Fr. Bourgoyn sieur d'Aignan. Er wird dann gewöhnlich mit dem Namen Daignan bezeichnet.
2) Ratsprot. 1545 Juni 20. Par le deces du ministre de Drallien a este ordonne que m^r Calvin ministre aye la charge de envoye ung ministre aud. Drallien jusque soyt pourvheu, et luy soyt ballie quattre fl. pour poye les despens dung voiage qui a faict et pour le voyage qui fera aujourdhuy. — Juni 22. Sur ce que m^r Calvin ministre a refferus qui sont appres a pourvoistre des gens suffizans pour presenter en conseyl affin de les constitue ministres aux lieux desprovheu, et que m^e G. Farel ministre, qui est resident a Neufchatel, porte grande ameur a Geneve, esperant que si lon luy escripvoyt et aussy aux s^{rs} de Neufchatel lon le pourroit avoyer pour ministre, ordonne qui soyt escript tant aud. Farel que auxd. s^{rs}. — Juni 29. Sur ce que m^r Calvin et m^e de Genesto ministres hont expose qui hont bien faulte en leglise de m^e G. Farel demourant a Neufchatel, ordonne que lon le doybge envoye querre. Davantage hont expose qui hont advise entre eulx de eslire ung ministre pour envoye a Drallien et que m^e Ayme Champereaulx seroyt bien propre pour il envoye. Et sur ce ordonne que led. Champereaulx soyt mis aud. Drallien jouxte son gage accoustume. Oultre plus hont expose qui hont examine m^e Francoys Burgoyen et qui le trovent capable en scavoyer et de bonne renommee et qui est bien propre pour servir en leglise de Geneve. Ordonne qui soyt admis au ministere soub le gage ordinayre. — Me Trolliet. Ordonne quil ne soyt reiecter, mais luy soyt provheu de place de predicant et que cependant il aye estudier. — Juni 30. Me Francoys Bergoyn de Anvers en France. Ayans entendu la relacion des ministres, ordonne qui soyt admys ministre en Geneve soub le sallayre de douze vingt fl pour an, et a faict le seyrement requis, et en oultre a este advertys de servir en son ministere tan en temps de adversite que de prosperite soyt en Geneve aut danger de peste ou dehors la ville ainsin que la s^{ie} luy ordonnera.
3) Fabri an Farel. Thonon 1545 Juli 15. Calvinus die dominico hic fuit fratrem Champerellum Drallianum deducendi gratia, ubi constitutus est minister.

daran, jemand an den König abzuordnen; sie lachen darüber". Die Aeußerung kam jenem zu Ohren, er klagte beim Rat, Champereaux leugnete, wurde überwiesen, und erhielt eine strenge Rüge.[1]) Seitdem gieng dieser mit dem Plane um, jenseit der Genfer Staatsgrenzen ein Unterkommen zu suchen. Zunächst hatte er um der Schwangerschaft seiner Frau willen einen Aufschub seiner Uebersiedlung nach Drallien erlangt und nur die Sonntagspredigt übernommen; dann entzog er sich auch dieser Verpflichtung.[2]) Die Anzeige beim Rat erwiederte er mit Klagen gegen die Collegen, die ihn seiner Ehre zum Nachteil aufs Land geschickt hätten. Unterdes war Geneston Anfang August, aufrichtig von Calvin betrauert,[3]) gestorben; und wieder war im Rat von Trolliet die Rede. Aber Calvin wies denselben auch jetzt zurück; der Rat beugte sich wieder, und nahm den von Straßburg gekommenen und rasch von den Predicanten gewählten Raimond Chauvet,[4]) dem der Ruf eines zweiten

---

1) Ratsprot. 1545 Juli 20. Suyvant ce que m^{rs} de Berne avoyent promis a m^{rs} les allies denvoyer en France vers le roy a cause de ceulx de Mirindol pour il meestre de lordre affin les secourir et hoster de telle affliction qui sont, de quoy m° Ayme Champereaulx a dict que estoyt seur que m^{rs} de Berne ne avoyent point envoyer en France et que plus est que m^{rs} de Berne ne sent faisoyent que mocquer, comme le s^r Calvin a entendus dire de m° Abel sambedy dernier passe; surquoy a requis quil plaise le ouyr et le faire respondre. En apres led. Ayme a este appeller et a respondu navoir jamais dict telles parolles. Surquoy a requis led. Calvin appelle led. m° Abel, lequel apres a deposer ce que m^r Calvin a propose estre veritable. Arreste que soyent fayctes bonne remonstrance que ne soyt point ainsy arrogant une aultre fois en telle chose, aultrement il sera pugnis cellon lexigence du cas.

2) Opp. Calv. XII. p. 197.

3) C an Farel 1545 Aug. 4. Scis nos optimo et fidelissimo fratre Genistone esse orbatos, cuius mors duplici nomine mihi fuit luctuosa. Nam sicut ecclesia boni pastoris iacturam fecit, ita ego singularis amici. — Ratsprot. Aug. 11.

4) C an Farel 1545 Aug. 24. Raymondum in Genistonis locum cooptavimus, sed destinamus agro.
Ratsprot. 1545 Aug. 17. Mr Calvin a cause du prescheur nouveau destrabour. Sur ce quil a faict plusieurs remonstrances pour ce que lon voulloit advance Zeraphin Trolliet et que il leur semble qui ne soit pas encore capable. et qui hont esleu ung homme prescheur qui est destrabour bien capable. Arreste que soyt accepte led. destrabourg pour tel moyen que il soyt ouyr avant que de prendre le sermentz et que luy et les aultres que quant ilz seront examines qui soyent quelcongs de m^{rs} present. — Aug. 18. M° Zeraphin Trolliet. lequel a este par cy devant appeller pour estre ministre, toutesfois que celluy ilz soyt este comande aux ministres de le experimentez et aussi que prover si est capable ou non. ce que non voulsu faire mes longs charge de plusieurs choses; requerant en faire quelque vuydange et aussi perseverer au bon voulloir que la s^{io} a ouffertz. Arreste que lon se tient a ce que fust faict et ordonne hier. — Aug. 20.'

Farel vorangieng.¹) als städtischen Predicanten an. Champereaux gieng immer noch nicht nach Drallien.²) Dem Befehl der Obrigkeit stellte er die notwendige Rücksicht auf seine kranke Frau, den Inquisitionsversuchen der Congregation ausweichende Antworten entgegen. Aber die unbedachte Aeußerung, „bald werde er des Jochs ledig sein", gelangte zur Kenntniß der Gegner und verriet sein verdecktes Spiel.³) Die Geistlichkeit beschloß seine Entfernung, und zwar nicht bloß aus der Pfarre, die er inne hatte, sondern überhaupt aus dem Predigerstand, wählte Pierre Nynault zu seinem Nachfolger in Drallien, und rief am 8. September die Genehmigung des Rats an. Hier kam Champereaux zuvor, indem er selbst den Abschied begehrte.⁴) Sogleich, nachdem er ihn

---

Mᵉ Reymond Chauvet de la ville de Saint Celly en levesche de Mandez. Suyvant ce que auparavant mʳ Calvin avoyt proposer que il avoyent esleu ung ministre au lieu de mʳ de Geneston, et que le sors est tombe sus led. ministre Reymond Chauvet, apres avoir aussi icelluy ouyr et la relation des sʳˢ qui lont houyr en son sermon, et aussi actendu qui a este esleu par les esglises: ordonne que il soyt retenuz entierement et qui luy soyt presente le sermentz, qui az faict jouxte la forme sur ce faicte. — Aug. 31. Mᵉ Abel ministre a expose qui hont advise en leur congregation que mᵉ Pierre seroy plus propre pour aller prescher a S. Gervex et en la ville que sus les champs, toutesfois qui laissent cella a la discretion de la sⁱᵉ. Ordonne que led. mᵉ Pierre alle servyr sus les champs soub le mesme qui last et led. mᵉ Raymon doibge servyr en la ville.

1) Pollanus an C. Straßb. 1544 Mai 24. Est hic frater quidam, antea tibi non incognitus. Is ita hic versatus est ut vita et doctrina sit omnibus spectatissimus, adeo ut illum alterum Pharellum iuniorem vocent quidam. Tanta est in viro pietas in admonendo et corrigendo. — — Is est Raymundus Chauvetus, qui olim fuit ordinis Franciscanorum, qui apud D. Pharellum erat, quum hic essetis.

2) Ratsprot. 1545 Aug. 17. Champereaulx. lequelt a este esleu ministre de Drallien, lequel faict difficulte dy aller et a desja dilaye par deux sambedi. Ordonne que il soyt ouyr et puis apres sur ce proceder. — Aug. 20. Champereaulx. Suyvant ce quil a este esleu pour aller a Dralliens qui refuze, arreste qui doibge estre appeller pour savoir si veult aller la ou non. lequel estant revenu a proposer qui est prest de obayr par tel moyen qui soyt le bon voulloir de Mʳˢ et qui ne soyt contre son honneur. Sur ce arreste que toutes choses et excuses qui doibge aller et quil luy soyt faicte les remonstrances.
C an Farel 1545 Aug. 24. Champerellus conquestus est de nobis in senatu, quod Drallianum ablegaretur, nihil tamen profecit.

3) Opp. Calv. XII. p. 198.

4) Ratsprot. 1545 Sept. 8. Champereaulx. Mʳ Calvin a propose comme ainsi soyt que il soyt este esleu pour aller a Dralliens pour prescheur, toutesfois apres par plusicurs raisons il ny veult point aller, alleguant principalement sa femme estre malade et aussi que a quelquel imperfection en luy. Surquoy led. Champereaulx a dict quil plaise a mʳˢ de luy donner conge, actendu qui ne le peult faire et qui a de limperfection en luy. Arreste qui luy soyt bailler conge, actendus qui cest mocque de Dieu et la sⁱᵉ, quant

erhalten, begab er sich auf die Reise,¹) die ihm die neue Anstellung im Berner Gebiet, die er im Auge hatte, verschaffen sollte. Zu derselben Zeit mußte Calvin die Hoffnung, Farel nach Genf zu ziehen, aufgeben. Die Bedingung nämlich, welche die Geistlichkeit des Neuenburger Bezirks für ihre Einwilligung stellte, man müsse ihnen als Farels Nachfolger den Mümpelgarder Reformator Tossanus nach Neuenburg schaffen, erwies sich als unerfüllbar. Dafür schlug er nun Michael Cop,²) aus einer Baseler Familie, die durch den Vater, Leibarzt des Königs, französisch geworden war, zum Dienst in der Stadt, und daneben Johan Perier für die Landpfarre von Neyden vor. Beide wurden am 24. September angenommen,³) und damit Trolliet die letzte Hoffnung entzogen. Derselbe dankte der Obrigkeit für den guten Willen, den sie gehabt, ihn zum Prediger zu machen; da dieß nun nicht sein könne, so möge sie ihm helfen, durch eine andre Beschäftigung seinen Lebensunterhalt zu gewinnen. Der Rat beschloß darauf, für den folgenden Tag Calvin und Trolliet vorzuladen, um dem letzteren Gelegenheit zu geben, sich über das, was man ihm zur Last lege, auszusprechen.⁴) Eine Aenderung der Lage ist dadurch

---

il nest point aller aud. Drallien et plusieurs aultres choses, et luy soyent faictes les remonstrances, et qui doibgent rendre les meubles, et aussi qui soyt faict comte avec luy, et estant conte avec luy sera plus oultre advise. — M° Pierre Nynaulx predicant a Drallien. Sur ce que m^r Calvin a expose que puisque m^e Champereaulx a prins conge, il seroyt bon de mectre m^e Pierre Nynaulx, comme il a este esleu par les s^{rs} de la congregation. Surquoy ordonne qui soyt acepte pour aller aud. lieu.

1) Schon am 12. Sept. meldet Viret die Anwesenheit Champereaulx in Lausanne.
2) C an Farel 1545 Ende April. Nostri omnes te salvum esse ex animo cupiunt; praeter solitos Michael Copus, Cleriacensis canonicus, qui sacerdotiis omnibus sponte relictis huc commigravit nuncque nobiscum est, vir integer et vere Copi filius.
3) Ratsprot. 1545 Sept. 24. Mr Calvin a presente pour estre nouveaulx ministres en leglise de Geneve asavoir ung nomme Johan Perier de Montauban — et aussi le fils de feu m^r le medecin Michiel Cocq, qui seront bon pour servir; requerant les acepter. Aceptez lung pour demeurer en Geneve et laultre pour le lieu de Neydent; toutesfois que a ladvenir il aye quelcongs des s^{rs} du conseil a la fin de lexamentz.
4) Ratsprot. 1545 Oct. 1. Johan Trolliet a remercie la s^{io} de la bone volente quelle a heu vers luy de le fere ministre; or puys que cella na peult avoyer lieu, a prier luy ballier quelque moyen pour vivre en escripre en faysant ce que luy sera commande. Ordonne que m^r Calvin et led. Trolliet soyent appelles demaien affin que led. Trolliet fasse ses excuses de ce que lon luy a improperer de dessus, et en appres lon advisera sus luy de le pourroistre.
In der Chronik des Michel Roset wird p. 312 der Ausgabe von Henri Fazy erzählt: Touchant l'hermite la contention vint jusques la quil faillut declarer en conseil

nicht herbeigeführt worden. Vielmehr hat gleich darauf, am 13. October, ein neuer Wechsel in der Reihe der städtischen Predicanten stattgefunden, ohne Trolliets zu gedenken. Es wurde nämlich nach Erlöschen der Pest Mathieu Melizier seines Dienstes im Pestspital enthoben, und zur Belohnung, wie einst Simon Moreau, auf die Landpfarre von Bossey versetzt, der bisherige Pfarrer Dagnyan dagegen — es ist der vor kurzem angestellte Bourgoyn — von dort in die Stadt hereingenommen.[1])

Champereaux kam noch einmal nach Genf zurück und trat seinem Gegner vor versammeltem Rat in entschlossener Haltung gegenüber. Der Anlaß lag darin, daß man in Bern ein Zeugniß über seine Genfer Vergangenheit verlangte. Die dortige Stadtgeistlichkeit, vom Rat befragt,[2]) hatte an seiner kirchlichen Stellung nichts auszusetzen gefunden; da er sich zu dem Glauben der Genfer Kirche bekannte und nur in der alten Frage der vier Berner Feiertage von Calvin abzuweichen erklärte;[3]) dagegen einen Nachweis über Leben und Abschied von Genf als erforderlich bezeichnet. Indem er nun das Gesuch an den Genfer Rat richtete, ihm zu bezeugen, daß er selbst den Abschied begehrt habe, kam es zu weitläufigen Erörterungen, in welchen er und seine früheren Collegen alles, was sie auf dem Herzen hatten, ausschütteten. Er sprach von der erlittenen Mißhandlung und von dem bösen Willen, den man gegen ihn gehegt habe, wie gegen Trolliet und Meister Bastian; weil ihm das klar geworden, sei er, um sich Ruhe im Herzen zu verschaffen, zurückgetreten. Uebrigens begehre er nicht, daß man dergleichen Gründe angebe, sondern

---

que deux avoient receu presens de corruption de luy, lung ung saffir, lautre ung rubit, de quoy ils furent convaincus par Calvin a leur honte. Von dieser sonst nirgends erwähnten Beschuldigung findet sich eine Spur in den Informations criminelles des Jahrs 1556. In dem amtlichen Verhör Trolliets am 28. Juli heißt es: Interrogue si luy mesmes a pas heu donne aud. Perrin et Loys Bernard quelque aneau, respond que non quil seache.

1) Ratsprot. 1545 Oct. 13. Me Mathieu ministre de lhospital pest. Ausy les ministres hont refferus que led. ministre seroy bien propre a Bossey et que m^e Dagnyon estant presentement aud. Bossey seroy bon a S. Gervaix, delaissant cella a la discretion de la s^{ie}. Ordonne que soyt faict ainsin qui hont propose.

2) Bern an Genf 1545 Oct. 13. (Arch. Bern).

3) Sulzer an C. Bern 1545 Oct. 27. Quumque per nos interrogaretur, quaenam illi ratio constaret suscepti consilii, id respondit tantum, quod videret praesentiam suam paci obstare, idque eo maxime quod festos quosdam dies servandos censeret quos tu velles abrogatos; per caetera autem tecum satis, in dogmatibus saltem, convenire.

nur die einfache Erklärung, daß er selbst den Abschied nachgesucht habe. Von der andern Seite wurde sein Sündenregister entrollt, das so lang und scharf ausfiel, daß im Rat gefragt wurde, warum sie unter solchen Umständen nicht viel früher über Champereaux geklagt hätten. Der Rat gab die von ihm verlangte Erklärung in einem Schreiben an die Berner Herren ab.[1]) Wie viel er daneben von den Klagen der

---

1) Ratsprot. 1545 Oct. 2. M° Champereaulx jadis ministre en Geneve. lequelt a expose que a juste cause a delaisse la classe de Geneve, requerant luy donne attestacion coment il a demandé conge et qui na pas delaisse Geneve pour mechancete. Et sur ce ordonne qui luy soyt diest, qui compte avant toutes choses, qui doibge compte avecque le tresorier, et aussi qui tienne compte de deux escus qui a receu du baillif de Thonon pour avoyer quelque peult de temps servyr a Drallien, et semblablement que lon le fasse respondre de ce qui a expose Johan Fistaz et sa femme; et quant a sa attestacion que lon ne la luy seroy ballie, jusque lon chasse de luy pourquoy il delaysse leglise. — Oct. 20. M° Champereaulx. lequelt a prier luy ballie testimoniales de son conge, et coment il point offence en son ministere et les causes que lon esmeu a delaysser leglise de Geneve, cest pour ce qui servissoyt en la ville et que lon le renvoyea aut champs, et ausy pour ce que lon le chargeoy de converser les tavernes, et ausy pour ce qui cognoissoyt que illyavoyt des affections maulvaises contre luy, et pour estre en repos en sa conscience a bien voulsu ce retire. Davantage a propose, coment il a este a Berne demande place pour servyr, ce que ne luy hont voulsu pourvoystre, jusque a ce qui aye apporter attestacion de la s^{ie} de Geneve de son departement et de sa conversation; requerant luy oultroye lettres testimoniales de son departement; et a deslivre une lettre de la s^{ie} de Berne; disant davantage, qui cognoissoyt les affections que sont estes tan contre m° Bastian que contre Trolliet; requerant lhavoyer pour recomande; et a nye qui ne diest pas en demandant conge, qui estoyt possede du maulvays esperit. Resolu que lon en aye conference avecque les ministres, et judy luy sera faicte responce. — Oct. 23. Sur ce que m° Ayme Champereaulx ministre a demande luy oultroyer testimoniales de son conge, et ayant ausy noys les ministres qui hont au long declayre la vie et conversation dud. Champereaulx, remys en ung aultre conseyl. — Oct. 26. Mr Calvin et les ministres hont respondu, qui sont toutjour cieulx que veulle maientenyr aud. Champereaulx, qui ne cest pas bien conduyct en son office, ainsin que ung bon ministre doybd fere, et que daventage la coustume estoyt en leglise ancienne que, quant ung ministre estoyt depose dung lieu, il nestoyt point receu en laultre, et que suyvant lordre de leglise il son en deliberation den escripre aux predicans de Berne de la conversation et vie dud. Champereaulx. Surquoy a este resoluz, que sus la letre envoye de Berne en faveur dud. Champereaulx lon doibge fere responce du gouvernement conversation et vie dud. Champereaulx, et coment cest luy mesme qui a demande conge et a delaisse le ministere. — Nov. 3. Champereaulx. lequelt derechier a prier luy donner attestacion de son conge et coment il nest point adnote dinfamye, et par moyen de cella il pourroyt servyr en aulcune eglise riere Berne. Ordonne de luy fere responce. que lon en a escript a la s^{ie} de Berne sus la lectre par culx en sa faveur envoye. — Opp. Calv. XII. p. 198 sq. — Viret an C. Oct. 12. Steph. Fontanus narravit mihi, se occurrisse Camparello et Meigreto euntibus Bernam: quos audiunt habere literas ad Negelinum. — C an Viret Oct. 13. Camperellus,

Predicanten in diesem Schreiben sich aneignete, wissen wir nicht; immerhin reichte es nicht aus, ihm die Gnade Berns zu entziehen und seine Anstellung zu verhindern. Die heftige Klagschrift der Genfer Predicanten an die Berner Amtsbrüder blieb ohne Wirkung.[1])
Die Reihe der Maßregeln Calvins gegen mißliebige Predicanten war hiermit noch nicht geschlossen. Am 26. October berichtet er an Viret: „heute ist das prächtige Zeugniß für Champereaux nach Bern abgegangen", und fügt hinzu: „am nächsten Freitag wird die Sache Megrets vorgenommen". Das war der Pfarrer von Moyn, der es gewagt hatte, seinen Freund Champereaux nach Bern zu begleiten, und nun für dieß und andre Vergehen zur Rechenschaft gezogen werden sollte.[2])

---

ut audio, discursat. Sed nisi omnem pudorem abiecerint fratres, nihil proficiet. Quanquam a fratribus iam timere desii. Queritur enim me sibi et sodali suo Macrino esse infestum, quod parochiae Moniensis agros emerint. Vides quibus cuniculis nos adoriantur. Nisi velimus omnia perire, necesse est illum caeteris esse exemplo. Fuimus enim hactenus nimis remissi. — C an Viret Oct. 26. Missus est hodie nuncius Bernam qui praeclarum Champerelli testimonium perferret. Vide quam ferrea sit frons hominis. Nihilo demissiore est vultu, nihilo modestiore animo, quam fuit rebus secundis. Macrinum eius sodalem aggrediemur die Veneris.

1) C an Viret. Dec. 18. Caeterum a fratribus nostris haud dubie proditi sumus. Quanquam enim non credo, quod iste nebulo passim iactat, eos fuisse suffragatores, vides tamen officium nequaquam fecisse. Valeant igitur in posterum.

2) C an Viret 1545 Nov. 7. Nunc est nobis cum Macrino negotium, cuius causam senatui delegavimus. Facile nobis erit eum extrudere. Si non fecerimus, vereor ne serpentem foveamus in sinu. Statuimus eam moderationem tenere ne appetere videamur eius abdicationem. — Ratsprot. 1545 Nov. 10. Mr Calvin et aultres ministres contre me Ayme Megret predicant a Moyn. Sur ce que hont proposer que affin que la parolle de Dieu ne soyt mys a mespris et que ne le font pas par inimitie ny hayne mes seulement pour corriger les faultes des delinquans, qui hont entendu que le ministre de Moyn Megret a faict aulcunes insolences et a este negligent a son office, item a este admodieur des diesmes, item a voulsu soubtenyr Champercaulx en sa maulvaise cause et est alle avecque luy a Berne contre lordonnance faicte par la s^{ie}, item cest adjoien avecque ung que fust mary de la .. liere et a blasfeme et dresse querelle avecque le feu predicant de Neyden nomme de la Cluse, et aultres plusieurs insolences. Surquoy led. Megret a faict ses excuses et en partie suffizantes, et sur ce ordonne qui soyt advise avecque mr Calvin de le reconsilie et luy faire quelque bonnes remonstrances, et que pour ceste foys luy soyt pardonne. — Nov. 23. Me Abel, des Gallars et Copt ministres hont expose comment du consentemenent de mr Calvin ministre sont venus icy ce que laffere de me Megret ministre de Moyn estoyt remys a sa discretion, et que ce qui hont propose contre luy ce nestoyt pas pour le deposer, mes cestoyt pour le admonester des insolences, et aussy cestoyt pour le chastyer des blasfemes par luy faict a une taverne, et que pour havoyer faict une telle revellacion hont prier qui ne demeurent charge, mes qui aura

Wir halten aber hier inne, und bemerken, daß wir an einem Einschnitt angelangt sind. Nach vierjähriger Bemühung war es jetzt endlich gelungen, die städtische Geistlichkeit im Sinn Calvins zu reinigen und zu ergänzen, und aus ihr eine einmütige und ergebene Schaar von Mitarbeitern an der kirchlichen Erziehung des Volks von Genf zu machen. Die eingetretene Veränderung entgieng dem Schultheiß Nägeli nicht, der einige Zeit später im Gespräch mit Farel die gottselige Einmütigkeit der Genfer Predicanten im Gegensatz zu den widerwärtigen Berner Händeln dieser Tage rühmte. „Möget ihr beharren", setzt Farel hinzu, „und unter Christi Beistand zunehmen in dieser Eintracht und Reinheit der Lehre und des Lebens!"[1])

In diesem Zeitpunkt erhob sich Calvin zu einem neuen und großen Fortschritt seines Hirtenamtes, indem er das Consistorium zu einem umfassenden und rücksichtslosen Kampf gegen die Unzucht führte. Bisher hatte diese Behörde sich nur gelegentlich mit dergleichen Dingen beschäftigt, während die häufigen auffälligen Vergehen dieser Art nach Gewohnheit von Staatswegen mit drei Tagen Gefängniß abgetan wurden. Zuerst am zweiten Juni 1545 tauchte im kleinen Rat der Gedanke auf, für die Taggelder, welche man den Beisitzern des Consistoriums oft schuldig blieb, eine neue Einnahmequelle zu eröffnen, indem man die Unzuchtfälle sowohl wie andre Vergehen mit Geldbußen belege. Zwei Monate später kam man auf die Sache zurück und fand, daß überhaupt die bisherigen Strafen zu leicht und darum unwirksam seien, zumal, da die Aufsicht über das betreffende Gefängniß locker gehandhabt und jeder Unordnung Eingang gestattet wurde. Der große Rat war derselben Ansicht und setzte auf Vorschlag der Regierung fest, daß künftig statt dreier Tage jeder Fall mit sechs Tagen und daneben mit einer Buße von fünf Gulden geahndet werden solle. Außerdem wurde für Aufsicht über Speise und Trank und guten Verschluß ge-

---

defally soyt corrige, et havoyer advis sus cest affere. Ordonne que desd. blasfemes informacions soyent prinses des tesmoings qui par eulx seront nommes.

1) Farel an C 1546 Apr. 13. Neglium conveni. Is commendabat istam ecclesiam et pastorum istic sanctum consensum, et una dissidium aliorum damnabat. Pergendum vobis est semper in ista concordia et puritate tum doctrinae tum vitae, quae augeat Christus.

sorgt.¹) Calvin gieng sofort weiter und verlangte, daß für die rückfälligen Unzüchtigen und für die Ehebrecher besondere Strafen bestimmt, auch solche Fälle, die der Vergangenheit angehörten, zur Rechenschaft gezogen würden. Der erstere Punkt wurde gesetzlicher Regelung vorbehalten, der zweite ohne weiteres zugestanden. Später stellte er den Antrag, daß nach vollzogener Strafe die Sünder ihre Zurechtweisung im Consistorium zu empfangen haben sollten, und auch dieß wurde bewilligt.²) Unterdes hatte das Consistorium ungeheißen seine spürende und anklagende Tätigkeit auf das ergiebige neue Feld gelenkt, und rief nun die Hülfe des Rats in nicht wenigen Fällen an, die bisher von Polizei und Obrigkeit übersehen oder stillschweigend geduldet worden waren, besonders innerhalb der oberen Schichten der Bürgerschaft. Jetzt mußte unter andern die Untersuchung gegen den Ratsherrn Antoine Gerbel eingeleitet werden, der im Wetteifer mit seinen Söhnen eine Hausmagd nach der andern, im ganzen vier, zu Fall gebracht

---

1) Ratsprot. 1545 Juni 2. Consistoyre. Ordonne que cieulx qui offensent tan palliars que aultres soyent condampnes a une somme dargent et a tenyr prison ausy, et de la composition soyt poie le consistoyre. — Juni 29. Ordonne que les palliars soyent condampnes a ung bampt, toutesfois laffere soys mys aux Deux Cents. — Juli 27. Icy a este parler que actendus que la poiene des palliards est bien legiere et que pour cella il ne sent veullent admende et qui seroyt bon de faire une prison appart et parellement que long des s[rs] du consistoyre deussent avoir la clefz et leur administrer leurs vie et aussi qui deussent demeure six jours et doibge poyer pour chesques fois 5 fl. et soyt mis en conseyl des Deux Cents. — Deux Cens. palliards — sur quoy m[rs] du petit conseyl sont este de ladvis de multiplier la poiene, assavoir six jours au lieu de trois et de poyer soixante sols, et qui seroit bon de faire une prison appart. Sur quoy arreste et ordonne, qui soyt regarder ung lieu propre pour cella faire, et que le s[r] sindique du consistoyre aye les clefz, et qui soyt faict ainsi que dessus, et faire cries et publier led. arrest a voex de trompe par les carrepheurs, affin que nul naye cause de ignorance.

2) Ratsprot. 1545 Aug. 3. M[r] Calvin ministre a expose qui a entendu que la s[io] a faict une ordonnance sur les palliars quest selon Dieu, et que soub correction il seroit bon de establyr une poiene a cieulx que seront repryns pour la seconde foys, et semblablement soyt establye poiene sus les adultayres. Ordonne que les s[rs] quattre sindiques ensemble led. s[r] Calvin et cieulx qui verront estre propres doybgent dresser sur tels cas edict et puys ieieulx presenter en conseyl. — Puys a prie volloyer fere faire ordonnance sus le mariages, affin de si scavoyer guider a ladvenyr. Ordonne comment dessus. — Puys a prier volloyer chastier les palliars et palliardes qui hont delinquye du passe. Ordonne qui soyent pugnys jouxte les edictz et exigence du cas. — Oct. 13. Et semblablement hont rapporter qui seroyt bon, quant lon chastie telle gens, qui soyent chasties assertes, et apres la castigation qui soyent remys aut consistoyre pour leur fere les remonstrances. Ordonne que eella soyt faict.

hatte.¹) Die Berufung aber vor das kirchliche Zuchtgericht, die nun regelmäßig stattfand, mit wiederholter Erörterung des Falls, mit Ermahnung und Strafrede, war für die jungen Leute aus angesehenen Familien und für ihre Angehörigen um so empfindlicher, je weniger man dort gewohnt war, Fehltritte dieser Gattung ernst zu nehmen. Schon im December weigerte sich der junge Gaspard Favre kurzweg, vor dem Consistorium zu erscheinen.²) Es war vorauszusehen, daß andre dem Beispiel folgen, und die Kirche Calvins nur mit voller Unterstützung des Staats und nach langen Kämpfen sich dem Ziel nähern werde, das der Reformator ihr hier gesteckt hatte.

Pierre Ameaux.

Im Widerspruch zu dem Mißtrauen, welches Calvin im Anfang des Jahrs 1545 gegen die aufrichtige Gesinnung der neuen Syndike und Ratsherren äußerte, hat gerade dieses Jahr tatsächlich von der vollen Uebereinstimmung der Staatsbehörde mit seinen kirchlichen Bestrebungen und von ihrer folgsamen Unterwerfung unter alle seine Wünsche Zeugniß abgelegt. Man hält mit Sorgfalt auf den Kirchenbesuch. Die Fremden werden Haus für Haus aufgefordert, zur Predigt zu gehen; wenn sie auf dreimalige Mahnung nicht hören, sollen sie der Stadt verwiesen werden.³) Der Rat entschließt sich, dem Volk das Beispiel zu geben:

---

1) Ratsprot. 1545 Sept. 14. Mʳ le sindique des Ars a rapporte que le sire Antoine Gerbel a palliarde avec certaine servante, comme est venu a notisse au sʳˢ du consistoyre qui de cella se sont informer. Ordonne que lon pregne les informations, et si ce conste, qui soyt chastie comme les aultres. — Sept. 28. Le sʳ Antoine Girbel et ses enfans. Remission du consistoyre pour ce qui est sortyr de lad. mayson dempuys certaien temps en ca quattre servantes grosse, et que lon doubte qui ne soyt tan dud. sʳ Girbel ou de ses enfans; et sur ce ordonne que lon ce doibge enqueryr de la derniere serrente que sen est alle dernierement grosse de lad. mayson, affin de administre justice.

Die Ratsitzung vom 13. October bietet ein Bild der veränderten Lage: sie ist ganz voll von Verhandlungen über einzelne Fälle von palliardise, und mehrere der ersten Namen der Stadt sind beteiligt. Damals schrieb Calvin an Farel: Hic scortatores et huius notae homines nos exercent; sudamus autem non magno profectu.

2) Ratsprot. 1545 Dec. 11. Gaspard fils de hon. Francoys Favre. lequelt na voulsu venir obayr aut consistoyre, combien qui a este remys. Ordonne que soyt constitue prisonyer.

3) Ratsprot. 1545 März 19. A este ordonne, que cieulx que auront charge de fere visitation sus les etrangiers doybgent aller mayson par mayson fere comandement

in der Predigt nehmen, gemäß einer Verordnung vom 23. März, auf der einen Seite die vier Syndike Platz, hinter ihnen alle Ratsherren, der Soultier und vierzehn Stadtdiener, auf der andern Seite der Lieutenant mit seinen Beisitzern und den Gerichtschreibern, hinter ihnen die Gerichtsdiener.[1]) Auf dem Land gegen die widerwilligen Untertanen hilft man wiederholt mit der Bestimmung, daß die bestellten Wächter für jede Anzeige einer Predigtversäumniß den vierten Teil der Buße empfangen sollen.[2]) Eine neue Eheordnung wird im Einvernehmen mit Calvin entworfen und dem großen Rat vorgelegt, der seinerseits einen Ausschuß mit dem Bericht beauftragt.[3]) Von den neuen Einrichtungen

---

daller aut sermon, et que les officiers ce donnent garde de cieulx que ne font compte dy aller, pour leur fere poye une poienne que sus tel rebelles sera establye. — März 20. A este ordonne, que les s^{rs} comys a fere visitation sus cieulx que ne vont aut sermon ayent puyssance de imposer poienne aux obstines que ne vont aut sermon, quil doibgent alle aut sermon sus poienne la premiere foys de 5 sols, la seconde de 10 sols et la tierce dalle dehors. Et dempuys lon cest retracter et ordonne, que lesd. comys les doibgent admoneste dalle aut sermon par 3 foys, et si sont desobeyssant, quil leur deffende la ville.
1) Ratsprot. 1545 März 23. A este ordonne, que pour donner bon exemple aut peuple daller aut sermon, que les s^{rs} sindicques et conseyl avecque le soultier et quattorze guex doibgent aller aut sermon, et que aut dernier des s^{rs} sindiques soyt assys tout le conseyl estroyt et led. soultier et guex, et de laultre costez soit assys le s^{r} lieutenant ces quattres assistans secretayre et aut dernier de luy ses officiers, et que toutes les dimanches lon des s^{rs} sindicques et deux guex et aussy deux assistans du droyet doibgent aller tenyr assistance aux sermons a S. Gervex. — Sept. 4.
2) Ratsprot. 1545 Nov. 30.
3) Ratsprot. 1544 Oct. 20. Ordonnance sus les mariages. Ordonne que lon ce doibge assemble et soyt evoque m^{r} Calvin affin de fere ordonnances sus tel mariage. — 1545 Aug. 3. Puys (Calvin) a prie volloyer fere faire ordonnances sus le mariages affin de si scavoyer guyder a ladvenyr. Ordonne comment dessus (d. h. ein Edict soll entworfen werden). — Oct. 13. Ordonnances sus les mariages riere les terres de Geneve. La commission de dresser icelles ordonnances a este ballie a m^{r} Calvin. — Nov. 5. Sur ce que par ey devant a este ordonne de dresser des ordonnances sur les tractes des mariages, ordonne que lon meeste fin a icelles pour les passer en conseyl ordinaire, Soixante et Deuxcents, et que lon des s^{rs} sindiques et quelcon des conselliers doibgent alle trove m^{r} Calvin ministre pour conferyr avecque luy et demaien matin soyt voyer le cas en conseyl ordinaire, et semblablement a este ordonne de suyvre a fere des ordonnances sus le chastiement des palliars et adultayres, pour obvyer a tel delys. — Nov. 10. Lon a suyvit a la lecture desd. ordonnances, affin les presenter en gran et general conseyl, et sur ce ordonne que encore judy prochaien soyent revisites en conseyl. — Nov. 13. Deux Cents. Affin de vivre soub la craiente de Dieu et que ungchascun puysse entendre coment il se doybd regyr sus fais de mariage, bont este dresses des ordonnances lesquelles bont este lisues et sur ce ordonne qui soyent deputes douze du gran conseyl,

gegen die Unzucht wissen wir. Eine Zuchtordnung steht zu erwarten,[1]) die Calvins Gedanken vollständiger ausprägen, vielleicht auch das von ihm angeregte Wirtshausverbot für die Einheimischen und Ansäßigen enthalten wird.[2]) Mit Hülfe der Obrigkeit wird das Volk von Genf auf den Weg gebracht, der zu dem Ideal des Reformators führen soll.

Bisher war im Volke kein gefährlicher und kaum ein erheblicher Widerspruch gegen das neue Kirchentum an den Tag getreten. Vereinzelte Wiedertäufer, die hier wie überall in evangelischen Landen sich hervorwagen, müssen rasch dem vereinten Einschreiten der geistlichen und weltlichen Gewalt weichen.[3]) Das Consistorium kämpft gegen die Reste katholischer Gewohnheiten und übt daneben eine Sittenpolizei, die erst, seit sie regelmäßig und nachdrücklich mit der Unzucht sich befaßt, auf zähen Widerstand stößt. Daß aber schon vorher die Zustimmung zu dem herrschenden Kirchenwesen weder allgemein noch unbedingt war, läßt sich aus der Teilnahme erkennen, die sich für Castellio, dann für Champereaux aussprach. Auch Ochinos Begeisterung für das calvinische Genf scheint nicht von Dauer gewesen zu sein. Als er die Absicht kund gab, in Genf seinen bleibenden Wohnsitz zu nehmen, hat Calvin, der zu der Theologie der italienischen Reformfreunde kein Vertrauen hegte, ihn einer dogmatischen Prüfung unterzogen, auf deren Grund er dann seine Orthodoxie gegen jeden Verdacht in Schutz nahm.[4]) Während seines

---

lesquelz auront commission de voyer et visiter celles ordonnances, et icyeulx debvront fere leur relation es Deux Cens, affin de accepter les plus propres et rejecter les impertinens; et hont este comis Girardin de la Rive etc.

1) Ratsprot. 1545 Nov. 5. — et semblablement a este ordonne de suyvre a fere des ordonnances sus les chastiement des palliars et adultayres, pour obvyer a tel delys. — Dec. 31. Sus les propositos et requestes de m^r Calvin faictes avoir esgard de ordonner et establir quelque ordre de discipline et admonition avecq advisement sus deffaillant comme par cy devant a este advertir et advise de fere et commectre aulcuns pour fere sur ce aulcune visitation et aultrement comme il a propose et expose: arreste, que aud. m^r Calvin playse de meestre par escript lordre quest requis comme il se debvra suyvre et fere et icelluy devant le conseyl presenter pour icelluy voir et apres arreste ainsi que il sera expedient.

2) Ratsprot. 1545 Juni 4. Des tavernes. Mr Calvin a propose, qui seroy bon que les menagiers nallissent poient aux tavernes. na poient este arreste.

3) Leider sind die Proceßakten der Wiedertäufer nicht mehr vorhanden. Ueber Tynent Bellot s. Ratsprot. 1545 Jan. 8. 12. 13. 16.

4) C an Pellican 1543 April 18. Est etiam aliud de quo ad te ut scriberem rogatus sum a Bernardino nostro. Nobis enim fuit indicatum, cuiusdam fratris, qui ex

dreijährigen Aufenthalts erfahren wir nichts von Mißhelligkeiten; und, als er 1545 Abschied nahm,[1]) gab Calvin ihm einen Empfehlungsbrief an Myconius in Basel mit.[2]) Aber auffallend ist es, daß von da an bis an sein Lebensende Castellio Ochinos Freund blieb, dagegen die Verbindung mit Genf aufhörte und zugleich der Ruf seiner Orthodoxie allmählich ins Schwanken geriet. Der andre berühmte Ausländer, der neben Ochino seine Zuflucht zu der Stadt Genf genommen hatte, war Clement Marot, ein hochwillkommener Gast, da er durch die Fortsetzung seiner unübertroffenen Psalmendichtung einem dringenden Bedürfniß der jungen Kirche entgegenkam. Der Reformator, der den Psalmengesang in den Gottesdienst einführte und eifrig pflegte, wußte das Werk des Dichters nach Gebühr zu schätzen, wünschte die Vollendung und beantragte um deswillen eine Unterstützung für Marot von Staatswegen.[3]) Dennoch hielt dieser nicht über ein Jahr in Genf aus, nicht bloß, weil der Rat kein Geld für ihn übrig hatte, sondern auch, weil dem Dichter des Hofs und der Damen Frankreichs der Aufenthalt in der Nähe des kirchlichen Machthabers auf die Dauer nicht zusagte.[4])

---

eius sodalitio fuerat, stultitia fuisse factum, ut istic nonnihil suspectus sit, quasi aut de Trinitate - aut de Christo minus recte sentiat. Non aliud in eius excusationem afferam, nisi simpliciter referendo quod verum est. Quoniam Italicis plerisque ingeniis non multum fido, postquam exposuit mihi suum consilium de diuturna apud nos habitatione, contuli cum eo diligenter de singulis fidei capitibus, atque ita ut vix posset tegere, si in ullo a nobis dissentiret. Comperisse mihi videor, et si quid iudicii habeo, testari tuto possum, cum in aliis omnibus tum in hoc nobiscum prorsus convenire.
  1) Ratsprot. 1545 April 7. M⁰ Nycolas de Gallard appelle s^r de Saul ministre, lequel a expose que frere Bernardin Italien se retire, requerant luy permeestre alle habiter en la moyson qui tenoyt situe en la rue des chanoyennes que fut possede par domp Salteri appartenant a la ville. — Juni 1. Fr. Bernardin Italien. lequelt a fayct aulcunes reparacions en la mayson que a tenu de la ville assize en la rue des channoinnes, et aulchons disent que lon fault rambourser. Ordonne pour ce qui a diest que volloyt rien. que rien nen soyt ballie.
  2) C an Myconius 1545 Aug. 15.
  3) Ratsprot. 1543 Oct. 15. Mr Calvin pour Clement Marotz. Le s^r Calvin a expose pour et au nom de Clement Marot, requerant luy faire quelque bien, et il se perforera de amplir les scaulmes de David. Ordonne de luy dire qui pregnent passience pour le present.
  4) Beza Jeones Yjjjj sagt von Marot: Quamvis, ut qui in aula, pessima pietatis et honestatis magistra, vitam fere omnem consumpsisset, mores parum christianos ne in extrema quidem aetate emendarit. Es ist die Calvinische Tradition, die Beza wiedergibt. Tatsächliches von Bedeutung ist nicht bekannt.

Am deutlichsten tritt im Rat selbst eine Opposition uns entgegen, die mit der Kirchenpolitik der Mehrheit nicht übereinstimmt und Calvins Verfahren in manchen wichtigen Punkten mißbilligt. Sie hat schon in den Verhandlungen über die Kirchenordnung die Forderungen des Reformators nicht erfolglos bekämpft und selbst in der wichtigsten Frage ihm den Sieg lange streitig gemacht. Anderthalb Jahre später brachte sie die Sechzig zu dem Beschluß, die Entscheidung über die Excommunication der Obrigkeit zurückzugeben. Als im Consistorium der den Vorsitz führende Syndik Mitteilung davon machte, erklärte Calvin, daß, wenn der Beschluß durchgeführt werden solle, man Tod oder Verbannung über ihn verhängen müsse. Dann forderte er eine Ratsversammlung und erwirkte hier die Zurücknahme des Beschlusses.[1]) In den folgenden Jahren, in der Sache Castellios, dann Trolliets, zuletzt Champereaulxs, sah die Opposition das Unrecht auf des Reformators Seite.[2]) Wir ahnen ihre Wirksamkeit, wenn hier und da die Eigenmächtigkeit der Predicanten gerügt und auf das Gesetz verwiesen wird.[3]) Fragen wir nach

---

1) Ratsprot. 1543 März 19. Conseyl des Soixante. Icy a este expose voyer si le consistoyce aura puyssance de deffendre aut non colpables de ne recepvoyer la s. cene de nostre Seigneur ou non. Surquoy resolu, que le consistoyre ne aye nulle iuridiction ny puyssance de deffendre sy non seulement admonester et puys fere relation en conseyl affin que la s^ie advise de juger sus les delinquans selon leur demerite.
C an Viret 1543 März 24. Nuper disceptationem habuimus cum senatu, sed quae statim fuit composita. Renuntiaverat nobis syndicus in consistorio, senatum ius excommunicandi sibi retinuisse. Continuo excepi, decretum hoc aut morte mea aut exilio sanciri oportere. Postridie vocavi fratres. Ex eorum consilio postulavi a syndicis, ut senatum nobis extra ordinem darent. Annuerunt, etsi non libenter. Illic longa et gravi oratione de tota re disserui: obtinui nullo negotio quod petebam. Quantum intelligo, acriter increpiti auctores: quos si nescias, divinare tamen potes.

2) Ratsprot. 1545 Nov. 23. Puis hont expose que led. Calvin se diest estre calumpnie et que par moien de luy lon a faict tor a Champercaulx, a m^e Bastian et a Trolliet, et et que tel cas procede de la mayson de la ville, par quoy sus le tout il prient havoyer advis. Ordonne de ce enqueryr dud. affere.

3) Beispiele: Ratsprot. 1545 Juni 29. P. Nynaulx. Lequel par cy devant estoyt par la s^ie constitue ministre en leglise de Geneve, et les predicans entre eulx lon envoye a Bossey sans obtenyr licence de la s^ie ou a Troinex, et sur ce ordonne que grandes remonstrances soyent faictes esd. ministres et que plus il ne procedent ainsin. — 1545 Sept. 24. Die vorgeschlagenen Predicanten Cop und Perier werden angenommen; toutesfois que a ladvenir il aye quelcongs des s^rs du conseil a la fin de lexamentz. — Oct. 1. Pour ce que lon a entendu que en leur congregation ils controrolent cieulx de la ville et du conseyl aussi, ordonne qui soyt parler a m^r Calvin pour entendre de luy si cest ainsin ou non.

Namen, so wird in den letzten Jahren Claude Roset genannt, und wir dürfen annehmen, daß er auch vorher der Sprecher und Führer gewesen ist. Daß seine Bestrebungen wenig gefruchtet und in den zeitgenössischen Erinnerungen keine Spur hinterlassen haben, liegt wol an persönlichen Verhältnissen, die wir nicht kennen, und ohne Zweifel an dem geistigen Uebergewicht Calvins, der ihm schroff und heftig entgegen treten und ihn fast wie einen Uebeltäter behandeln durfte. Unkirchlich war er nicht gesinnt, er war ein Freund Virets und keineswegs ein Feind Calvins; aber, so weit wir urteilen können, ein Mann derjenigen Richtung, die in den benachbarten deutschen evangelischen Städten maßgebende Geltung hatte.

Im December 1545 hatte zwischen Calvin und Roset in der Ratsversammlung ein scharfer Wortwechsel und eine vom Rat angeordnete Versöhnung stattgefunden.[1]) Ende Januar 1546 hörte man von einem andern Ratsherrn Aeußerungen des ingrimmigen Unwillens gegen Calvin, die vielleicht nicht außer Zusammenhang mit dem eben berührten Gegensatz stehen. Es war Pierre Ameaux, ein Mann, der nicht zu dem engeren Kreise der Genfer Machthaber gehörte, aber genug Freunde und Anhänger in der Stadt, besonders in S. Gervais, besaß, um seit drei Jahren alljährlich ein kleines Amt bei dem Geschützwesen der Stadt, 1542 und 1543 eine Stelle im Rat der Sechzig, 1545 im kleinen Rat zu erlangen.[2]) Er hatte ein Geschäft mit Spielkarten getrieben, bis die neue Richtung

---

1) C an Viret 1546 Jan. De Roseto ita res habet. Quum bona pars senatus de reconciliandis nobis ageret, me libere in medium proferre oportuit, quam perfide se gessisset, ex quo semel senatus autoritate mecum in gratiam redierat. Quum omnia impudenter negaret, huc contentione progressus sum. Quid? tunc etiam negabis te cum Vireto ita loquutum ut propter Sebastianum et Champerellum me invidia gravares? Si apud talem virum, quem mihi non minus quam tibi amicum noveras, tibi non potuisti temperare quin evomeres aliquod virus, quid apud alios te effutivisse credibile est? Quum hic quoque tergiversaretur, iterum excepi: Quid respondeas pro te, nihil moror. Mihi satis est quod Viretus animadvertit, te malevolo esse in me animo, et maligne mihi obloquutum testabitur. Tum ita mihi respondit, eos qui ad me detulissent quae narrabam, fortassis primos esse autores. Hic se interposuit senatus meque vehementer obtestatus est, ut omnibus offensis valere iussis illi reconciliarer. Ego vero me optima fide id facturum respondi, nec per me stabit quin liberaliter praestem quod recepi. Ita alter alteri omnium ἀμνηστίαν promisimus.

2) Auch in früheren Jahren war er vorübergehend Mitglied des großen Rats, der Sechzig und des kleinen Rats gewesen. s. J. B. G. Galiffe, Procès de P. Ameaux p. 7.

ihm dieß Handwerk legte.¹) Ein ärgerlicher Streithandel mit seiner verrückten und mannstollen Frau und die zuletzt durchgesetzte Ehescheidung²) schmälerte seinen bürgerlichen Ruf nicht, hat aber vielleicht gleich dem Kartenverbot ihn gegen Calvin und seinen Anhang eingenommen, während er mit Leuten wie de la Mare und de Ecclesia Umgang pflog und über theologische Fragen verhandelte.³) Dieser lud Gäste zum Abendessen und schüttete beim Wein aus, was er auf dem Herzen hatte, gegen die Mehrheit im Rat, gegen einzelne Ratsherren, gegen die Predicanten und vor allen gegen Calvin. Darauf machten drei von den Gästen Anzeige bei dem Rat, er habe gesagt, Calvin sei ein böser Mensch, übrigens weiter nichts als ein Picarde, und predige falsche Lehren. In Folge dessen wurde er verhaftet und ein Proceß eingeleitet.⁴)

Das Schicksal des Gefangenen lag in der Hand des Beleidigten, und anfangs schien dieser zur Gnade geneigt. Es war ja offenbar, daß der Wein und ein leichtgläubiges Vertrauen jenem die Zunge gelöst hatten, und nur durch schnöden Verrat die Kränkung zur offenbaren Tatsache und zur Schuld geworden war. Er ließ die Richter wissen, es würde ihm nicht angenehm sein, wenn man das volle Recht zur Geltung bringen wolle. Im Gespräch bemühte er sich, die Zurechnung abzuschwächen. Darum faßten die Freunde Mut und begehrten geradezu, er möge Ameaux los bitten. Aber das schlug Calvin ab: „es sei notwendig, antwortete er, daß von den ausgesprochenen Vorwürfen nichts an ihm haften bleibe und daß Christi Ehre gewahrt werde.⁵) In diesen dunklen Worten lag,

---

1) Ratsprot. 1543 Febr. 9.
2) Ratsprot. 1544 Jan. bis 1545 Juni.
3) Die Verhandlung vom 17 .März über Calvins Lehre und Leben. Procès crim. 423.
4) Ratsprot. 1546 Jan. 27. Mʳ Calvin le sʳ Pierre Ameaulx. Lon a revelle que led. Ameaulx a diest que mʳ Calvin estoyt meschant home et nestoyt que ung picard et preschoyt faulce doctrine, et que ainsin le volloyt maientenyr, coment plus amplement est contenuz en les informations sur ce princes. Ordonne qui soyt constitue prisonier et que en apres lon le forme son prosses.
5) C an Farel 1546 Febr. 13. Jam elapsi sunt ultra quindecim dies, ex quo cartularius in carcere tenetur, propterea quod tanta protervia domi suae inter coenandum adversum me debacchatus est, ut constet non fuisse tunc mentis compotem. Ego dissimulanter tuli, nisi quod testatus sum iudicibus, mihi nequaquam gratum fore, si cum eo

wie die Folge zeigte, die Meinung verborgeu, daß man zwar von der eigentlich gebührenden Strafe des Todes oder der Verbannung absehen dürfe, aber eine öffentliche und schwere Buße notwendig sei. Obgleich nun aber im Lauf der Untersuchung auch die Klagen, die Ameaux gegen den Rat als das willfärige Werkzeug der französischen Predicanten sich erlaubt hatte, zum Vorschein kamen und nicht ohne Wirkung auf das Gemüt der Richter blieben,[1]) so fand doch, als es am 1. März zum Spruch kommen sollte, die Strenge Calvins nicht die gewohnte Zustimmung. Eine Spaltung trat ein. Während ein Teil der Versammlung sich für die Entfernung des Angeklagten aus dem Rat und dem Amt aussprach und verlangte, daß er barfuß und mit brennender Fackel vom Gefängniß zum Stadthaus kommen und dort auf den Knien sein Unrecht bekennen und Gott und die Obrigkeit und Herrn Calvin um Verzeihung bitten solle, wollte die andre Partei, wie es scheint, die alte Opposition mit Roset an der Spitze, der in der letzten Februarwahl erster Syndik geworden war, sich mit einfacher Abbitte im großen Rat begnügen, ohne Calvins Gegenwart bei der Handlung anzuordnen. Die Parteien, scheint es, hielten sich die Wage und ließen es zu keiner Entscheidung kommen. Man beschloß, beide Vorschläge dem großen Rat vorzulegen, der am folgenden Tag zusammen trat.[2]) Hier wurde durch Abstimmung ent-

---

summo iure agerent. Volui eum invisere. Senatus decreto prohibitus fuit aditus. Et tamen boni quidam viri scilicet me crudelitatis insimulant, quod tam pertinaciter meas iniurias ulciscar. Rogatus sum ab eius amicis ut deprecatoris partes susciperem. Facturum me negavi, nisi his duabus exceptionibus ne qua suspicio in me resideret atque ut Christi honor maneret salvus. Jam defunctus sum. Exspecto quid senatus pronunciet.
1) C an Farel Febr. 20. Cum cartulario durius agetur, quod partem senatus mecum permiscuit. Postquam satis luculento clementiae officio perfunctus sum, cessare iam institui. Obloquentur malevoli. Sed si locus respondendi erit, habeo quo illis os obstruam. Nemo certe vocem ullam minus aequam excidisse mihi dicet. Nam apud bonos et malos extenuare conatus sum, quod deliquerat. — Ratsprot. Febr. 19. Ayant veu le proceps et confessions dud. Pierre Ameaulx et que pour avoir blasphemer et mauldit desd. s^{rs} Calvin et des aultres precheurs et aussi de M^{rs}. lequel par sa supplication et proceps il demande grace et perdon: arreste que son proceps soyt visite etc.
2) Ratsprot. 1546 März 1. s. Annales p. 370. Pierre Ameaulx detenu. Ayans vheu le contenuz de son prosses et responces, par lesquelles ce conste avoyer parle contre la reformacion cristienne et grandement oultrage m^r Calvin ministre, disant estre seducteur et dempuys sept ans en ca avoyer anunce faulce doctrine, comment plus amplement est contenu en ces confessions: ordonne, voyeant qui demande de luy fere grace, que grace luy soyt faicte, en venant crie mercy a Dieu et a la justice en gran conseyl, confessant

schieden, daß Ameaux im großen Rat erscheinen und auf den Knien Gott, die Obrigkeit und Calvin um Verzeihung bitten solle. Dann aber kam es zu stürmischen Verhandlungen, über die wir höchst ungenügend unterrichtet sind. Wir hören, daß der Generalcapitän gegen den von Ameaux ausgesprochenen Vorwurf, er habe dem Feind Genfs, dem Grafen von Greierz, in den Geschützpark der Stadt Zutritt gewährt, sich verteidigt habe; daß den Angebern Ameauxs ihr Verrat vorgerückt worden sei; daß gestritten worden sei, ob Roset und sein Anhang an der Verhandlung teilnehmen solle und daß eine förmliche Abstimmung für ihre Rückberufung in die Versammlung entschieden habe. Wie es in Fällen der Aufregung und des Sturmes in der Versammlung zu geschehen pflegte, wurde die Ruhe wieder hergestellt, indem man das Edikt über die Ordnung im Rat zur Verlesung brachte. Schließlich wurde von neuem abgestimmt und der anfangs gefaßte Beschluß bestätigt.[1])

---

avoyer mal parle, et en poyeant ponr la fortification de la ville 60 escus soley. Et si lon ne luy veult fere grace, qui viengne dempuis levesche a teste nue, une torche allumee en sa maien, et entre les deux portes soit liseu son prosses, et doybge a genoulx crie mercy a Dieu et a la justice et confesser avoyer mal parle, en presence du s^r Calvin, le repellissant de tous honneurs. Et que ces deux oppignyons soyent mises demaien aux Deux Cens, lequelt sera aux despens dud. Ameaulx.

1) Ratsprot. 1546 März 2. Deux Cens. Lon a liseu les informacions prinses contre Pierre Ameaulx ensemble ladvis des avocas et la supplication de sa part presentee, par laquelle il confesse avoyer diest plusieurs villaennes parolles contre lhonneur de Dieu, de m^r Calvin ministre, et contre aultres, coment plus amplement est contenuz en lad. supplication, requerant par icelle luy fere grace desd. parolles; et ausy a este liseu ladvis du petit conseyl, et sur cella laffere a este mys en oppignyons, et la plus haulte est tombee, que led. Ameaulx vienne en gran conseyl et illeest a genoulx doybge crie mercy a Dieu, a la justice et aud. m^r Calvin, confessant avoyer mal et meschamment parle, et par tel moyen luy soyt faicte grace.

Et sur cella plusieurs se sont prys a parolles. Le s^r cappitaienne Amyed Perrin cest excuse de ce que lon monstra larthillerie aut comte de Gruyre, et cest a cause que led. Ameaulx avoyer diest questoyt mal faict de monstrer larthillerie a lenemys.

Et affin que ung chascung parle en son ordre sans confusion, hont estes liseu les esdictz fays sus les s^{rs} conseilliers.

Davcntage lon a mys en avant, si aulchongs — debyyent sortyr du conseyl ou non, assavoyer le s^r sindique Roset et aultres conselliers, et sur ce laffere a este mys par oppignyon, et la plus aulte voex est tombee et resoluz que soyent rappelles en conseyl et qui il doybgent assistyr.

Encore derechier lon a mys en oppignyon, voyer si lon fera grace aud. Ameaulx ou non, et sur ce ordonne, que la grace luy soyt faicte ainsin que deyja aut present conseyl a este arreste, et ce en presence dud. Calvin ministre.

Donnerstag den 4. März wurde im Rat angeordnet, daß zur Ausführung des Beschlusses der Zweihundert diese am folgenden Tag wieder versammelt werden sollten, um die Abbitte des Verurteilten in Gegenwart Calvins entgegen zu nehmen, und daß Calvin durch die beiden Syndike Corna und Dupan zu dieser Handlung eingeladen werde. Aber am Nachmittag brachten die Syndike Calvins Antwort: er werde nicht erscheinen, und werde auch nicht die Kanzel besteigen, ehe nicht öffentliche Genugtuung für die dem Namen Gottes zugefügte Schmach geleistet sei; es genüge nicht, daß der Schuldige seine blasphemischen Aeußerungen zurücknehme. Angesichts des drohenden Bruchs mit dem Kirchenhaupt und der Gefahr des Interdikts brach die Opposition zusammen. Es wurde beschlossen, die Zweihundert zu vertagen, und eine neue Ratsitzung für morgen anzusetzen.[1] Morgens, in der gewöhnlichen Donnerstag-Sitzung des Consistoriums, hatte Calvin nach vorheriger Verständigung mit den geistlichen Genossen, die weltlichen Beisitzer aufgefordert, Stellung zu der Frage zu nehmen; und diese hatten beschlossen, gemeinsame Sache mit den Predicanten zu machen, morgen mit ihnen vor den Rat zu treten, um Aufschub der Zweihundert zu erlangen; während des solle Calvin seine Beschwerden vorbringen und man werde ihn unterstützen.[2] Am folgenden Tag erschien Calvin mit dem ge-

---

Pierre Vernaz, Johan Malbuct, Ayme des Ars. lesqueulx hont revelle les parolles villaennes diestes par Pierre Ameaulx, et pour ce qui hont faict leur debvoyer, hont estes oultrages par aulchongs, requerant leur fere justice. Ordonne qui viennent en conseyl ordinayre et lon leur fera justice.

1) Ratsprot. 1546 März 4. Suyvant la resolucion precedente des Deux Cens ordonne, que aux despens dud. Ameaulx soyt reassemble a demaien lesd. Deux Cens pour sa liberation. — Apres digne envyron 5 heures. Sur ce quil az este aujourdhuy resolut de sonne le conseylz assemble les s^{ra} des Deux Cent et en icelluy appelle m^r Calvin, affin que la reparation suyvant larrest des Deux Cent par led. Ameaulx comme appertient, et qui avoit este donne charge de parler aud. s^r Calvin affin qui assista. Lequel a respondu, qui ny assisteroyt point et que jamais ne monteroit en chiere jusques il soyt este faicte reparacions et justice pactante a cause du blasme du nom de Dieu. et qui nest pas asse qui se dediez des parolles infames et blasphemes contre Dieu. et plusieurs aultres remonstrances par luy faictes a m^{rs} les sindiques no. Amblard Corne et du Pain, comme hont refferuz. Sur quoy az este arreste que son cas soyt mis en ung aultre conseylz estroyt et que le conseylz des Deux Centz soit suspendus jusques a ce qui soyt advise plus oultre.

2) Consist.-Prot. 1546 März 4. s. Annales p. 371. A propose m^r Calvin touchant Pierre Ameaulx, que la fame est par la ville. que led. s^r Calvin a presche faulse doctrine par ci devant, que la chose est notoyre que led. Ameaulx a ditz telle chose; se plaignant

sammten Consistorium, Geistlichen und Laien, vor dem Rat und legte in breiter Ausführung dar, daß die Blasphemie des Pierre Ameaux eine öffentliche und auffällige Züchtigung erheische, wenn man anders nicht die Kirche dem Aergerniß, ihre Lehre der Herabwürdigung überantworten, und den Predigern unmöglich machen wolle, das Wort Gottes zu verkünden. Der Rat beschloß, die Sache an diesem Nachmittag den Sechzig, dann den Zweihundert vorzulegen; in beiden Versammlungen sollen die Geistlichen vorgeladen und gehört werden.[1]) Im Jahr 1539 hatte in einem ähnlichen Fall Michel Sept den Satz siegreich verfochten, daß in derselben Sache nicht zwei Sprüche zulässig seien. Jetzt fand sich bei den Sechzig wenigstens ein Mann, der sich zu demselben Standpunkt bekannte. Es war der Erzgießer Johan Bocard, der eine Mißachtung der Zweihundert und der Gemeinheit darin fand, daß man den einmal gefaßten Beschluß nicht aufrecht erhalten wolle, und die Herren warnte, nicht Anlaß zu Streit und Unruhe zu geben; er meine, es sei genug in der Sache geschehen und man solle die Predicanten zur Ruhe verweisen.

fort, et quil demande lavis, et vouldroyt estre a cent lieux de la ville; que M^{rs} lont ouy, que le nom de Dieu en est blasme; que entre les s^{rs} ministres ont tenu leur propost den advertyr en consistoire et aultre bon advertissement, et a prie consistoire de desliberer et regarder de ce quil seroit bon den fere, et quils se retireront cependant que le consistoire en adviseront. Ils se sont retires. Ladvis est, quil seroit bon, que tout le consistoire se comparust demain avec le s^{r} Calvin et les ministres, et que lon demande le conseil des Deux Cens soit suspendu jusques a ung aultre jour. Cependant le s^{r} Calvin desclayreroit ses doleances, que sont grosses, et que tout le consistoire veult participer en ses doleances.
 1) Ratsprot. März 5. s. Annales p. 372. Mr Calvin et les ministres et ceulx qui sont commis au consistoyre ont expose que ayant entendus les choses et blaphemes proferee par Pierre Amyaulx inquis et qui az dist qui estoyent meschans et qui avoit semer faulce doctrine, en tant que si la justice ne faissoyt justice apparente, le procex dud. Calvin et des aultres seroyt desja faict et forme, et que quant ilz se tayroyent que ilz demoureroyent infames et leurs doctrine depravee de sorte que leglise en tomberoyt en scandalle, et que lon pourroyt bien dire que la chose seroyt vraye, pour ce qui se seroyent teuz; ains fault que chascungs soyt pugnis cellon son demerite, et en cas ou que led. Calvin ou aultres se trouvassent estre delinquant et avoir faict les choses susdictes, se offrant comme tousjour ilz se soyent offert de estre serviteurs de la s^{ie}, mes qui ainsi seroyt, ilz ne seroyent jamais aceptable pour pourter la parolle de Dieu. Car par tous les lieux il az este proffere qui avoyt prescher et introduyt faulce doctrine par lespace de sept ans, que ne se peult reparer en secretz; et plusieurs aultres remonstrances. Ordonne que ilz soyt mis devant les s^{rs} des Soixantes es deux heures apres midy, et que quant ils seront assembles, que les ministres soyent appelle et ouyr en leurs plaintif, et semblablement soyt mis en Deux Centz et eux presentz et leurs faire les remonstrances des choses susdictes.

Aber es war zu spät, der Obrigkeit Einhalt zu tun: sie setzte dem unbequemen Widerspruch die bedrohliche Frage nach den näheren Umständen der angekündigten Unruhe und die Warnung entgegen, man werde sich im gegebenen Fall an Bocard selbst halten. Er entschuldigte sich, er habe in guter Absicht gesprochen, und was die Prediger angehe, so sollten sie, die von Barmherzigkeit zu predigen haben, nicht eine solche Hetze anstellen. Die Versammlung aber beschloß, die Sache an den großen Rat gehen zu lassen. Dieser versammelte sich am folgenden Tag, hörte die Geistlichen, hob darauf den früheren Beschluß auf und erklärte, zur Aufrechterhaltung der Ehre Gottes und der Stadt Genf möge der kleine Rat das Recht in dieser Angelegenheit nach seinem Gewissen handhaben.[1]

---

1) Ratsprot. März 5. apres midi 3 heures. Sur la detention de Pierre Ameaulx a cause des parolles et blaphemes par luy proferee contre la parolle de Dieu et le magestrat et sur ce que aujourdhuitz az este faict plaintif par lesd. ministres desd. parolles contre Dieu. ce qui hont requis de faire lesd. reparation: ordonne qui soyent appelles devant le conseyl des Soixante pour ouyr leurs plaintifz.

Soixante. Ici a este proposer ce que az este denunce par les ministres contre Pierre Ameaulx. Suyvant ce que a este desja mis en avant aujourduy et apres digne en conseyl estroyct. les s^{rs} ministres Calvin Albel et les aultres hont proposer. comme est desja este par eulx reveller et denunce, que seroyt bien lon a rescripre, requerant comme dessus en faire justice apparente affin que etc. Sur ce ordonne que il soyt mis devant les s^{rs} des Deux Cens a demain a mattin, et que les s^{rs} ministres affin qui facent semblable plaintif. qui hont faict devant heulx.

Timeulte faict aud. conseil par Jullian Bocard. lequelt apres avoir ouyr toutes les oppignyon, led. Julian az proferee plusieurs parolles. disant qui estoyt de ladvis, qui demoura a ce que avoyt este arreste, et que lon estimoyt point le conseyl des Deux Cens et general, et que si lon retorne devant eulx, il se pourroyt faire quelque debat, et qui ne entendoyt pas ainsi. et cestoyt asse, et que lesd. prescheurs nous laisse en pais. et plusieurs aultres propost. Ordonne qui luy soyt donne le sermentz de reveller et dire, coment il scay que il se doib faire tel debat, coment et par qui, et qui les declaire. et dont il doibz venir, et que apres avoir respondu, qui luy soyt dict que, si il advient que il se lieve et face quelque mutinacion et debat, que lon sent prendra a luy. Et apres il a respondu. qui ne la pas dict a la maulvaise part. et nentend qui sent face point ny par qui, ny aultres choses, et sur ce des prescheurs il la dict. qui preschent misericorde, qui ne doibvent pas tant solicite. Arreste qui luy soyt faictes bonnes remonstrance. et qui parle une aultre fois plus par discretion en son lieu. sans mesdire de personne.

März 6. Annales p. 373. En conseil des Deux Cent. Sur ce que il avoyt este ordonne de faire grace aud. Pierre Amyeaulx et en venant crier mercy a Dieu et la justice, et que puis apres les ministres de Geneve se sont tant en conseilz estroyt que es Soixantes, comme plus amplement est desja contenuz en leurs plaintifz, et surquoy ilz a semble bon a M^{rs} du conseilz estroyt et Soixantes de les assemble et ouyr par devant eulx lesd. ministres en ce qui vouldront exposer. Lequieulx en ensuyvant les propost et

So hatte Calvin seinen Willen mit Hülfe der Mehrheit des kleinen Rats wie immer durchgesetzt. Wie sehr aber durch die letzten Vorgänge der Friede unter den regierenden Herren gestört worden war, wurde in den nächsten Tagen offenbar. Roset, der als erster Syndik in dem neu beginnenden Proceß den Vorsitz zu führen hatte, lud die Herren zweimal vergeblich zu der Sitzung in der Bischofsburg ein. Dann bat er, am 9. März, da man wahrscheinlich seine Anwesenheit nicht wünsche, um Entbindung von seiner Amtspflicht für den Proceß. Das Anerbieten wurde angenommen und der Syndik Claude Dupan mit der Leitung des Processes beauftragt.[1] Anderseits mehrten sich in den folgenden Wochen die Anzeichen wachsender Gährung in der Bürgerschaft, zunächst in S. Gervais, in der Art, daß man am 30. März zu den schärfsten Maßregeln griff, den Syndik Lambert zum Capitän über S. Gervais bestellte und auf dem Platz an der Kirche einen Galgen aufrichten ließ, in Gegenwart aller Herren vom Rat und des Lieutenants und der Gerichtsdiener in Waffen.[2] Daneben wurden, wie gewöhnlich in bedenklichen Zeitläufen, Farel und Viret berufen, um durch Predigt und Ansprache zu Gunsten der Kirche und Calvins wirksam zu sein.[3]

---

lamentations faietes desjaz par eulx tant en petit que Soixante et hont faiet plusieurs grandes remonstrances. Lesquieulx hont requis, comme est desja souventes foys faiet etc. Surquoy apres avoir ouyr les susdites remonstrances et plaintifz, lesd. s^{rs} des Deux Centz se sont retraicte de leurs grace, et affin que lhonneur de Dieu et de Geneve soyt preserve, hont ordonne et remis le jugementz et congnoissance dud. affaire a M^{rs} du petit conseilz, affin dont faire telle justice que eellon leurs conscience portera.

1) Ratsprot. 1546 März 8. Pierre Ameaux detenu. Ordonne que lon le doibge alle repetyr appres disne, affin den fere jugement demaien en conseyl. — März 9. Pierre Ameaulx detenu. Sur ce que le s^r sindique Roset a expose que par deux foys il a faiet appelle le conseyl en levefche pour suyvre aut prosses dud. Ameaulx et pour ce que lon ny est pas venuz, et peult estre que ce a este pour luy, il a prier estre exempt de assistyr aud. prosses. Ordonne que sa requeste luy soyt oultroye et que le s^r Claude du Pan consindique il doibge assistyr et fere appelle les deputes, affin que lon suyve aud. prosses.

2) Ratsprot. März 29. s. Annales p. 375. Calvin in der Predigt zu S. Gervais unterbrochen etc. — März 30. Cieulx de S. Gervex. Sur ce qui cestient assembles a ce matin, et que lon doubte qui naye quelque menee, a este ordonne que le s^r Johan Lambert consindique soyt mys cappitaenne dud. S. Gervex et qui soyt dresse une berehe en la place dud. S. Gervex, present tous les s^{rs} du conseyl et le s^r lieutenant et les officiers embastones, ec quest este faict.

3) Ratsprot. April. 2 s. Annales p. 376. Me Guill. Farel et m^o Pierre Viret ministres sont venus icy et hont faict plusieurs belles remonstrances et ce sont grandement offers destre humbles serviteurs de la ville.

Daß all dieß Unheil dem Reformator zugeschrieben wird, gibt ihm nicht undeutlich sein Freund zur Kinden, damals Bernischer Vogt in Nyon, zu verstehen, der am 17. April ihm schreibt: „Daß es bei euch zu Unruhen gekommen ist, höre ich mit tiefer Betrübniß. Wenn du mit deiner bekannten Mäßigung und Klugheit den Staat von einem so verderblichen Uebel befreien kannst, so lasse niemand einen Zweifel daran, daß die Söhne des Friedens Söhne Gottes sind und du ihr Lehrer nicht bloß, sondern ihr vorderster Führer, der sein ganzes Leben für den Frieden der Kirche, aber auch für die Eintracht unter den Bürgern einsetzt." [1]
Während der neue Proceß seinen Fortgang nahm,[2] wurde, ebenfalls nach Calvins Anweisung, am 17. März eine Versammlung der gesammten Geistlichkeit von Stadt und Land, sowie der weltlichen Beisitzer des Consistoriums in das Stadthaus berufen, um gegenüber den Anschuldigungen Ameauxs feierlich Zeugniß für Leben und Lehre des Reformators abzulegen.[3] Das Urteil aber, welches der kleine Rat am 8. April, ohne die Zweihundert weiter zu fragen, fällte, gieng noch über den Vorschlag der strengen Partei vom 1. März hinaus, indem es den Armensündergang des Ratsherrn Pierre Ameaux, barhaupt, im Hemd, mit brennender Fackel, nicht auf den Weg vom Gefängniß nach dem Stadthaus beschränkte, sondern auf einen Umgang durch die Stadt ausdehnte.[4]

---

1) zur Kinden an C 1546 April 17. Turbarum aliquid inter vos excitatum non sine summo dolore audio. Si, qua es animi moderatione et prudentia, mederi rei alioqui in republica perniciosissimae potes, fac omnes quaeso sciant, filios pacis esse filios Dei, te vero horum non doctorem tantum sed antesignanum, ut es, perquam conspicuum, qui vita universa eo contendat ut pax primum Christi in ecclesia, deinde civilis concordia perpetuo conservetur.

2) Ratsprot. 1546 März 11. Pierre Ameaulx detenu. Ordonne que lon doibge toutjour suyvre a la formacion du prosses de Pierre Ameaulx, et mardy prochaien lon il aura de ladvis.

3) Ratsprot, März 15. s. Annales p. 374. Ordonne que demain aut matin le consistoire soyent assembles et tous les ministres pour scavoyer dicieulx, si dempuys 7 ans en ca il hont point vheu presche faulce doctrine a m^r Calvin, ainsi que led. Ameaulx a profere, et quant au predicant Henry de la Mare, lequelt a user de grand propos contre led. Calvin, ordonne quil soyt constitue prisonnier. — März 17. Das feierliche Zeugniß für Calvin: Procès crim. 423. Constit.-Prot. März 17. s. Annales p. 374.

4) Ratsprot. 1546 März 23. Pierre Ameaulx, Henry de la Mare. Ordonne que appres disne lon doybge alle suyvre a la formacion de leur prosses. — April 1. Pierre Ameaulx detenu. Ordonne que lon suyve a fere jugement sur luy a demaien. — Farel und Viret erhalten Erlaubniß, mit de la Mare und Ameaulx zu sprechen. — Me Henry

Derselben Sache fiel noch ein andres Opfer. Henri de la Mare, den Calvin anfangs, obgleich ihm widerwärtig, verschont, dann aber auf die Landpfarre zu Jussy entfernt hatte, war nach der Verhaftung Ameaux so unvorsichtig gewesen, im Gespräch mit einem Bekannten seine Ansicht über die Angelegenheit und über die beiden Gegner zu äußern, den einen zu loben, den andern zu tadeln. Namentlich nannte er Calvin leidenschaftlich, rachsüchtig, unversöhnlich. Er ließ sich Stillschweigen versprechen, und jener schwieg eine Zeit lang. Nach der Wendung aber, die in den ersten Tagen des März die Sache nahm, machte er Anzeige: denn es war gefährlich in Genf geworden, Treu und Glauben zu halten, wenn es die Ehre Christi galt. Die Folge war Verhaftung, Untersuchung und zuletzt die Absetzung de la Mares.[1]) In derselben Zeit gab Megret, der im vorigen Jahr noch vom Rat gegen den Wunsch des Reformators verschont worden war, zu neuen Klagen Anlaß und damit die willkommene Gelegenheit, auch ihn zu entfernen.[2]) Die beiden Pfarren, Jussy und Moyn, wurden alsdann mit Anhängern Calvins besetzt.[3])

---

de la Mare detenu. Ordonne qui soyt confronte par Pierre Ameaulx detenu touchant la pronostication faicte contre m^r Calvin ministre. — April 2. Pierre Ameaulx detenu. Sur ce questoyt arreste de fere jugement autjourdhuy de Pierre Ameaulx, led. jugement a este suspendu de fere jusque a lungdy prochaien. — April 8. s. Annales p. 377. Ameaulx. Ayans vheu le contenuz de ces responces, par lesquelles nous appert que il a meschamment parle contre Dieu, le magestral et m^r Calvin ministre, coment amplement est contenus en ces responces: ordonne qui soyt condampne a debvoyer fere le tour de la ville en chemise, teste nue, une torche allumee en sa maien et dempuys devant le tribunal crie mercy a Dieu et a la justice, les genoux a terre, confessant avoyer mal parle, le condampnant aussy a tous despens, et que la sentence soyt profere publiquement.

1) Ratsprot. 1546 März 11. 15. 19. April 1. 15. 16. — Die Aussage des Benoit Texier bei J. A. Galiffe, Notices généalogiques III 525.

2) Ratsprot. 1546 Jan. 11. 18. 25. Febr. 1. März 19. 23. April 23. 30. Mai 3. 11.

3) Für Moyn der s^r de Saint Andre. Ratsprot. April 8. 12. Calvin an Viret 1546 Jan. 3 schildert ihn als vir ingeniosus et eximia ingenii dexteritate, bene exercitatus in scripturis, prudens et cordatus. — Für Jussy m^e Jehan Baldin. Ratsprot. Mai 3. 4.